融合型 · 新形态教材
复旦社云平台　fudanyun.cn

U0730965

普通高等学校学前教育专业系列教材

2023年河南省教师教育课程改革重点项目"岗课赛证融通的高职学前教育'幼儿园教育活动设计'课程改革的研究与实践"成果

幼儿教师说课技能训练
（第二版）

主　　编　　梅纳新

参编人员　　殷文靖　魏艳红　郑芳霞

张　莹　吕　岚　李　铮

复旦大学出版社

内容提要

本书旨在增进职前职后幼儿教师对说课原理的理解，提高职前职后幼儿教师说课所必需具备的基本知识和技能，引导职前职后幼儿教师在说课实践中不断研究，提升教育教学能力。

全书共分为五个单元，分别论述了说课基本原理、幼儿教师说课特点、幼儿教师说课技能、不同类型说课技巧和说课评价标准。同时，书中运用了大量五大领域优秀说课案例来阐述幼儿园说课的程序、方法和应注意的问题，力求体现说课理论与实践的紧密结合，具有较强的知识性、实用性、可读性。

本书在体例上也有所创新，先从说课实践中教师的疑问入手，围绕问题情境展开论述，再通过思考与练习、资料链接等进一步加深学生的学习、理解。

本书配套资源丰富，包括教材PPT教学课件、说课课件欣赏、说课案例视频、微课讲解视频等，可扫描书中二维码或登录复旦社云平台(www.fu-danyun.cn)查看、获取。本书既可作为学前教育、早期教育及婴幼儿托育专业学生的教材，也可作为幼儿园教师的培训教材。此外，也可供广大幼教工作者阅读和参考。

复旦社云平台
数字化教学支持说明

为提高教学服务水平，促进课程立体化建设，复旦大学出版社学前教育分社建设了"复旦社云平台"，为师生提供丰富的课程配套资源，可通过"电脑端"和"手机端"查看、获取。

【电脑端】

电脑端资源包括 PPT 课件、电子教案、习题答案、课程大纲、音频、视频等内容。可登录"复旦社云平台"（www.fudanyun.cn）浏览、下载。

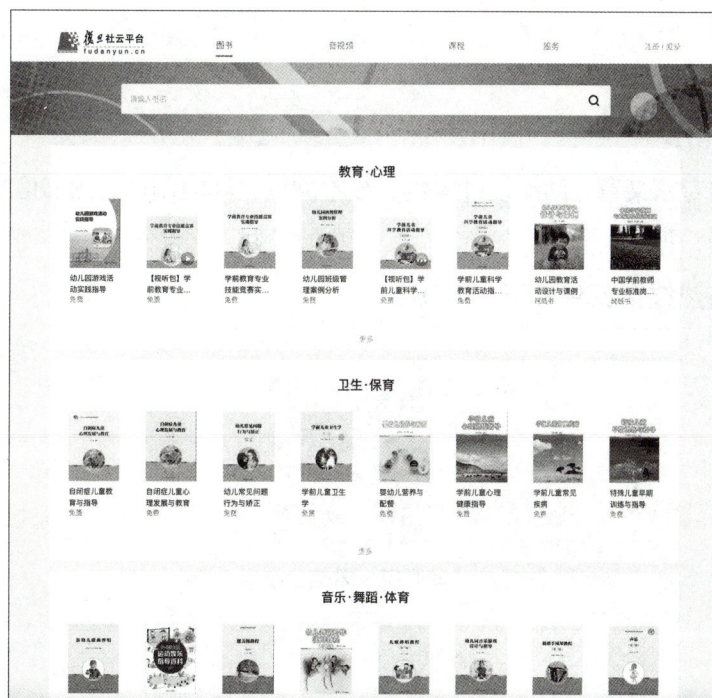

Step 1 登录网站"复旦社云平台"（www.fudanyun.cn），点击右上角"登录/注册"，使用手机号注册。

Step 2 在"搜索"栏输入相关书名，找到该书，点击进入。

Step 3 点击【配套资源】中的"下载"（首次使用需输入教师信息），即可下载。音频、视频内容可通过搜索该书【视听包】在线浏览。

【手机端】

PPT 课件、音视频、阅读材料：用微信扫描书中二维码即可浏览。

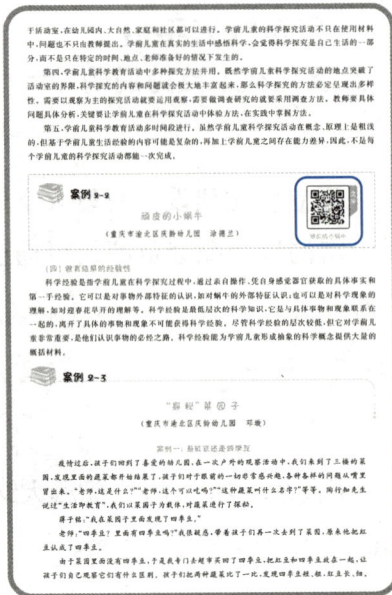

扫码浏览 →

【更多相关资源】

更多资源，如专家文章、活动设计案例、绘本阅读、环境创设、图书信息等，可关注"幼师宝"微信公众号，搜索、查阅。

平台技术支持热线：029-68518879。

"幼师宝"微信公众号

二版前言

说课自20世纪80年代出现以来，从中小学逐步发展到幼儿园。目前，说课广泛应用于幼儿园日常教研、在职幼儿教师培训、幼儿教师教学技能比赛等活动中。在各级各类幼师院校中，说课也是学生必须掌握的教学技能之一。因此，无论是职前还是职后幼儿教师，都有必要掌握说课的理论和技能。

相比中小学来说，幼儿园说课起步较晚。职前职后幼儿教师进行说课准备时，往往查阅到的是中小学教师的说课书籍，或是分布于网络、杂志上的一篇篇具体的说课稿，所获得的幼儿园说课内容比较零散、模糊。因此，广大幼儿教师需要比较系统地介绍幼儿园教师说课的书籍。本书自2015年5月出版以来，得到了广大职前职后幼儿园教师的好评，对提高幼儿园教师说课技能起到了很大作用。此次修订紧密围绕党的二十大报告"办好人民满意的教育""落实立德树人根本任务""建设高质量教育体系"的精神与内容，注重职前教师师德修养与职业信念的培养，以及幼儿良好行为和优秀品质的培养。在内容上，补充了优秀说课案例，录制了说课理论的相关微课和说课示范视频，制作了说课课件资源，并将这些资源以二维码的形式呈现，实现扫码助学。同时，本书吸纳幼儿园教师参与编写，体现校-园合作，双导师协同育人。

本书修订获得了"2022年郑州市地方高校优秀基层教学组织项目"及"河南省高水平专业群建设项目"的支持，是2023年河南省教师教育课程改革重点项目"岗课赛证融通的高职学前教育'幼儿园教育活动设计'课程改革的研究与实践"成果（课题编号：2023-JSJYZD-046）。

本书凝聚了郑州幼儿师范高等专科学校学前教育学院全体教师的集体智慧。第一单元、第二单元（除第八课）由梅纳新编写；第二单元第八课由郑芳霞编写；第三单元、第四单元由殷文靖编写；第五单元幼儿园说课案例部分由姚素慧、殷文靖、吕岚、张启芬、魏艳红、梅纳新、张莹、李铮、徐春艳设计并修订。书中说课录像由河南省实验幼儿园教师焦瑞、郑州市教工幼儿园教师李文慧及郑州幼儿师范高等专科学校学生梅品洁、安丹、赵阳、王月参与录制。

编　者

目 录

1

第一单元　说课概述

单元结构

教学课件

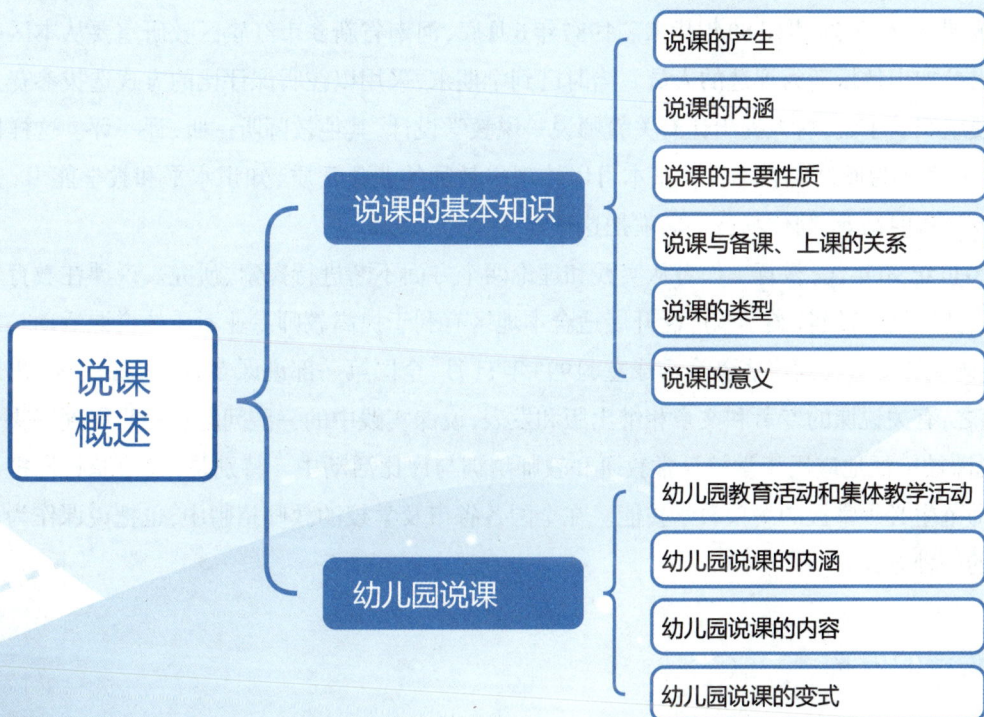

说课概述
├─ 说课的基本知识
│   ├─ 说课的产生
│   ├─ 说课的内涵
│   ├─ 说课的主要性质
│   ├─ 说课与备课、上课的关系
│   ├─ 说课的类型
│   └─ 说课的意义
└─ 幼儿园说课
    ├─ 幼儿园教育活动和集体教学活动
    ├─ 幼儿园说课的内涵
    ├─ 幼儿园说课的内容
    └─ 幼儿园说课的变式

第一课　说课的基本知识

问题情境

　　说课随着现代教学改革的深入而日益兴起，职前职后教师都面临说课的检验。在对幼师生说课的一次调查中，当问到什么是说课时，有的学生回答："就是站在讲台上，讲述怎样上课。"还有的学生说："就是把教案给大家讲一讲。"一些在职教师对说课虽有所了解，但也并不深入。我们都知道，对一件事认识得越深刻，就越能把握其特征。因此，了解说课的基本原理，是说好课的第一步。

一　说课的产生

　　说课，产生于20世纪80年代末。1987年6月底，河南省新乡市红旗区教研室要从本区教师中选出参加市教坛新秀评选的人员。当时已到学期末，采用以往听课评比的方式选拔参赛人员不方便组织。于是，有人提出让有关教师说一说教学设计，其他教师听一听、评一评。这样做了之后，大家认为通过说教学设计基本可以体现出教师的业务素质、知识水平和教学能力，并且这种方法省时高效，简便易行。后就把这种方式称为"说课"。

　　20世纪90年代，教育工作者从实践和理论两个方面不断进行探索、研究。说课在教育领域得到广泛应用，各级各类学校广泛开展适合本地区有利于提高教师专业素质的说课活动。1992年，全国说课协会在河南省新乡市成立，1993年11月，全国第一部说课专著《说课探索》出版发行，随之，有关说课的专著和文章相继出版和发表，说课实践中的一些问题也逐步得到解决。如今，说课被广泛地应用于学校日常教研和教师培训与评比活动中。特别是，师范院校已把说课列为师范生必须掌握的一项教学技能。在全国各省市及学校的教师招聘中，也把说课作为面试教师的一种方式。

二　说课的内涵

　　什么是说课？对此有不同的界定，下面列举三种。

　　其一，把说课界定为"说课是指教师在备课的基础上，面对评委或其他听众，系统地讲述自己的教学设想及其理论依据，然后由听者对其评说，达到互相交流、共同提高的一种教学研究活动"。这是比较早的一种定义。

　　其二，1996年版的戴汝潜在其专著《说课论》中，将说课定义为"说课是教师述说授课的教学目标、教学设计、教学效果及其理论依据的教学研究活动"。

其三，2006年出版的《教学智慧的生成与表达——说课原理和方法》一书中将说课定义为"教师面对同行和专家，以科学的教育理论为指导，将自己对课标及教材的理解和把握、课堂程序的设计和安排、学习方式的选择和实践等一系列教学元素的确立及其理论依据进行阐述的一种教学研究活动"。

上述定义将说课作为备课后、上课前的一种活动，强调说课是一种教学研究活动，虽然阐述出了说课的基本内涵，但也有不全面之处。说课发展至今，其要达到的主要目的、组织形式在不断丰富。例如，除了课前说课，还出现了重在反思、自我提升的课后说课。又如，说课除了其最主要的教学研究功能外，也作为选拔教师的一种面试形式，目的是考察教师的教学素质。对于职前教师来说，说课的目的重在培养学生理论联系实践的能力，强化学生目标意识，培养其分析与表达能力。

三 说课的主要性质

（一）说理性

说理性是说课的重要特征。要求教师以科学的教育理论为支撑，对教育现象和教学行为进行理性思考。在说课中，不仅要说清楚其教学构想，还要根据教育教学规律阐明理论依据。

（二）工具性

说课的工具性体现在两个方面。第一，说课是以语言表达为主要形式，工具性是其基本属性。说课使教师之间的交流更加具有深度。第二，说课是支持与促进教师专业成长的工具。

（三）研究性

说课是一种教学研究形式。教师在说课时会用理性的思考、科学的眼光审视自己的教学行为。说课人人可以参与，人人可以评价，是一种具有普及性的研究形式。

四 说课与备课、上课的关系

（一）说课与备课的关系

1. 说课与备课的共同点

说课与备课的相同点是：① 目的相同，都为上课服务，同属课前准备；② 所涉及内容基本一致，因为说课是深层次备课后的展示活动。

2. 说课与备课的区别

说课与备课的区别是：① 备课着重研究教学中"教什么、怎样教"等教学内容和实施技术问题。说课除上述两点外，还要研究"为什么这样教"的问题。② 备课是教师个体进行的静态的教学研究行为，是隐性的思维活动。说课是教师集体共同开展的一种动态的教学研究活动。说课者把个体备课中的隐性思维过程及其理论依据述说出来，大家共同探讨。③ 备课是为了上课，以全面提高教学质量和促进学生发展为最终目的。说课是为了促进教师反思，改进和优化备课，以促进教师专业化成长为目的。

（二）说课与上课的关系

1. 说课与上课的共同点

说课和上课是教学过程中具有紧密联系、互相促进的两个阶段。从内容来看，说课和上课的内容基本一致。说课中有关于"为什么这样教"的内容，虽不直接表现在教学中，但它对教学效果起到指导作用。

2. 说课与上课的区别

上课是具体的教学实践活动，对象是学生，教师会依据教案，完成教学任务。说课是教学研究活动，对象主要是同行、领导。

五　说课的类型

从不同角度划分，就有了不同的说课类型。例如，按照说课内容范围大小划分，可分为课程说课（说一门课程）、单元说课、某一具体课题说课；按照服务于课堂教学的先后顺序划分，可分为课前说课、课后说课；按照说课要达到的目的划分，可分为研讨性说课、示范性说课、评比性说课；按照有无辅助手段划分，可分为课件辅助说课和无课件说课。教育实践中常用的说课类型有以下五种。

（一）课前说课

课前说课是教师在备课之后、上课之前阐述自己对教材、学情的理解，阐述对教学环节的设想及理论依据。从对课堂教学的影响来看，通过课前说课，可以借助集体的智慧预测教学的实际效果，达到改进和优化教学设计的目的。

（二）课后说课

课后说课是教师按照既定的教学设计上课，课后再向听课人员阐述教学设计、反思课堂教学实践的一种说课形式。说课者主要说明：对该教学内容的理解、处理设想；教学目标的制定与达成情况；涉及的教学策略和方法及主要教学行为的有效性；对教学设计的执行情况及调整理由；后续的教学改进设想。课后说课被认为是一种反思性和验证性的说课活动。将教学、教研、培训融为一体，对培养教师的教学反思习惯、意识和能力有较大价值。

（三）研讨性说课

研讨性说课一般以教研组或年级组为单位，以集体备课的形式，先由一名教师事先准备，然后给大家说课。之后，其他老师评议该教学活动的设计，变个人智慧为集体智慧。研讨性说课的主要目的在于教研，以提高教师业务素质和教学能力。研讨性说课的内容比较灵活，可以全面说，也可以围绕某一方面说，如只说教法和学法，围绕教法和学法进行深入教研。

（四）示范性说课

示范性说课，一般是指优秀教师（如学科带头人、特级教师等）在特定场合展示的，具有一定示范引领作用的说课活动。听课教师从听说课、听评析中提高自己运用理论指导教育教学实践的能力。示范性说课是培养教学能手的重要途径，可以在校内、乡镇、区内或市内开展。

（五）评比性说课

评比性说课，就是把说课作为教师教学业务评比的内容或一个项目，对教师运用教育教学理论的能力及教学素质做出客观公正评判的活动形式。评比性说课具有竞赛性，对说课形式、程序要求严谨，需要全面得当地阐述"教什么""怎么教""为什么这样教"，从而完整地阐述设计一堂课的理论背景、实施内容、实施策略。评比性说课的主要目的是遴选优秀人才，常用于评选教学骨干、名师及教师招聘、教师教学技能比赛中，考察说课人的学科素养、教育知识和教学基本功。

六　说课的意义

（一）理论意义

说课丰富和发展了教学理论。从教学发展史来看，德国教育家赫尔巴特提出了"明了、联想、系统和方法"教学四阶段说，美国教育家杜威提出了"创设情境、引起动机、确定问题、研究步骤、总结评价"教学五步骤说，苏联教育家伊安·凯洛夫提出"感知、理解、巩固、应用"教学过程四阶段说。在现代教学论中，把教学工作分为五个步骤，即"备课—上课—批改作业—命题考试—反馈补差"。但这些都只解决了如何上课，即"教什么"和"怎样教"的问题，并没有研究"为什么这样教"。在教学研究中提出说课，是对教学论在组织教学方面的一个重大突破，使说课成为一个相对独立的教学活动的阶段和环节，打破了传统教学论中的教学阶段说和环节说，丰富了教学理论的内容。

（二）实践意义

1. 说课有利于提高教学质量

通过说课，教师更加明确自己教学的意图，处理教材的方法和目的，进一步明确教学的重点、难点，厘清教学的思路。这样就可以克服教学中重点不突出、辅导不到位等问题，进而提高教学质量。此外，还可以通过对某一专题的说课，统一思想认识，探讨教学方法，提高教学效率。

2. 说课有利于提升教师整体素质

说课提高了教师的教育理论水平。说课要求教师从研究"教什么"和"怎样教"上，转为思考"为什么这样教"，做到"知其然"又"知其所以然"。说课将促使教师进一步学习教育教学理论、心理学知识，并将教育教学理论运用于指导教学实践。说课有助于提高教师的教学反思能力。从心理学角度来看，说课是教师内隐知识外显化的过程。在说课中，教师在把自己作为研究对象的过程中注意关注自己，觉察自己。说课促使教师自己发现和澄清自己的隐性教育观念，领悟和明晰体现教育理念的具体操作要求。在教育实践中，很多教师习惯于凭感觉和经验进行教学，习惯于按照固定的程序来开展教学，缺乏对"为什么这样教"的思考，而说课恰好调动起教师反思的积极性，在反思中，教师不断充实、完善和超越自己。

第二课　幼儿园说课

微课视频

幼儿园说课

🎯 问题情境

　　说课最初产生于小学，后发展到幼儿园。在一次招聘幼儿教师的说课中，有的教师报完说课题目后，转身在黑板上板书课题名称。很显然，这是参考了中小学的说课要求。幼儿园和中小学说课有什么联系和区别？幼儿园说课中的"课"指的是什么活动形式？本课就此问题，引领学习者学习幼儿园说课的内容和要求。

一　幼儿园教育活动和集体教学活动

　　《幼儿园教育指导纲要（试行）》（以下简称《纲要》）第三部分"组织与实施"第二条指出："幼儿园的教育活动，是教师以多种形式有目的、有计划地引导幼儿生动、活泼、主动活动的教育过程。"幼儿园教育活动的形式丰富多样，按活动的组织形式，可分为集体活动、小组活动、个人活动；按活动的地点，可分为室内活动、户外活动；按活动的性质，可分为教学活动、生活活动、游戏活动等。集体教学是幼儿园教育活动中的一种形式，教育活动包含教学活动。

二　幼儿园说课的内涵

　　幼儿园说课的内涵包括广义与狭义两种界定。

　　从广义的角度来看，幼儿园说课可以指向说各类教育活动，如说集体教学活动、说游戏活动、说区角活动、说主题活动等。

　　从狭义的角度来看，幼儿园说课特指说集体教学活动，即教师有目的、有计划开展的、全体幼儿参与的活动。它以"游戏"情境和方法为手段，以幼儿全面发展为核心，以有效达成教师预设的目标为目的。

　　幼儿园把"课"称为教学活动，以体现幼儿学习的特点。确切地说，幼儿园说课应称为"说教学活动"，以突出幼儿教育的特点。但在教育实践中，沿袭了中小学"说课"这一称谓。用"说课"来阐述幼儿园教学的相关问题比较符合大家的习惯。另外，本书从狭义的角度来阐述幼儿园的说课,不涉及说幼儿园其他类型的活动。因此,把幼儿园说课内涵界定为:幼儿园说课指幼儿教师以教育教学理论为指导,在设计教学活动方案的基础上,向同行、领导或教学研究人员,用口头语言和相关辅助手段阐述对某一教学活动的设计及其理论依据。

三 幼儿园说课的内容

(一)说课内容

说课内容是关于说什么的问题。原则上说,凡是教师在教学前所做准备及教学实施中的一切要素都可以进入说课内容。中小学说课在发展过程中,逐步确立了说课内容要素,形成了说课的基本模式,如"四说"和"六说"模式。"四说"模式是把说课内容分为"说教材""说教法""说学法""说教学程序"四部分,这是说课最基本的一种模式。这种模式抓住了教学中的基本要素。教材是载体,教法与学法是手段,教学程序是框架。"六说"模式即"说教材""说学情""说教法""说学法""说教学程序""说板书设计"。除此之外,在中小学说课中,作业的布置、课时的安排等因素也被关注。

(二)幼儿园说课内容

幼儿园说课从中小学说课发展而来,借鉴了中小学说课的模式。幼儿园教学有自身的特点和要求。突出体现在以下三点:第一,幼儿园教学内容不像中小学必须来自教材,教师可以根据幼儿的兴趣和需要设计教学内容;第二,幼儿的学习对环境的依赖性很强,幼儿园教学中的情境创设及材料准备尤为重要;第三,幼儿园教学设计中,有活动延伸这一项,要求教师将本次教学活动的内容延伸到其他活动中。

幼儿园说课大体有两种模式。一种是同中小学的"四说"模式,内容包括"说教材""说教法""说学法""说教学程序"四部分。还有一种是按照幼儿园教学活动设计内容来说的模式,包括"说教学内容""说教学目标(包括重点、难点)""说教学准备""说教法与学法""说教学过程设计",最后是"说活动延伸"。下面结合案例对这两种模式予以说明。

> **案例 中班科学活动**
>
> ### "小蜗牛"说课
>
> #### 一、说教材
>
> **1. 内容分析**
>
> 教学内容来自我园园本教材科学领域(中班上期)。幼儿天生对小动物有一种喜爱之情,当他们发现地上的蚂蚁、墙角的蜘蛛、树上的蜗牛,往往就会兴致勃勃地观察起来。

因此，把蜗牛作为幼儿观察的对象，幼儿会很感兴趣。教材中是一个关于蜗牛的系列活动。本次教学是蜗牛主题中的一个教学活动，主要是让幼儿观察蜗牛。

2. 学情分析

关于蜗牛，我班幼儿已有一些知识经验。如他们知道蜗牛身上有壳，会慢慢爬行。他们对小蜗牛充满了好奇：蜗牛有眼睛吗？蜗牛有嘴巴吗？这些问题还有待于引导幼儿进一步观察。中班幼儿观察事物的目的性有所提高，但观察的系统性有待加强。本次活动通过让幼儿与蜗牛的实际接触，让他们在观察中获得更多关于蜗牛的经验和信息，同时，发展幼儿的观察力。

3. 目标定位

幼儿科学教育的目的是从小培养幼儿的科学素养，即通过教育让幼儿获得科学知识经验，学习科学方法，形成科学的情感和态度。在此理念的指导下，通过分析教学内容及幼儿的认知能力，制定的教学活动目标是：① 观察蜗牛的外形特征，了解蜗牛的生活习性。② 能讲述自己的观察结果并与同伴交流。③ 体验观察小动物的乐趣。上述目标把对幼儿科学认知、科学方法、科学情感与态度的培养落实在本次教学中。

教学的重点是：观察蜗牛的外形特征，了解蜗牛的生活习性。我把教学难点确定为：观察蜗牛的爬行。因为现场观察时不一定能看到蜗牛爬行的情况，而且蜗牛爬行时贴着桌面，幼儿无法看到其腹部。我通过播放蜗牛爬行录像及提供给幼儿透明塑料板，来解决这一难点。

4. 教学准备

教学准备要有助于达成活动目标，我做了以下准备：① 经验准备。前期组织幼儿进行了捉蜗牛活动，幼儿对蜗牛生活的环境已有所了解。② 材料准备。2人1只蜗牛，1张蜗牛图片，蜗牛录像资料，每桌一些白色透明塑料板、1个鞋盒、干沙和湿土若干。多种直观材料为幼儿的观察提供了条件，2人1只蜗牛既能满足幼儿观察需要，也有助于促进幼儿之间的交流。

二、说教法

直观教学法。在本次活动中，我充分运用各种直观手段，如实物、图片、录像等，支持幼儿的观察活动，使其获得对蜗牛的直接认知。此外，采用演示法来辅助教学。

三、说学法

幼儿科学教育的本质在于探究，要让幼儿经历科学探究的过程。在活动中，运用以下学法。

1. 观察法

活动中让幼儿充分观察蜗牛，先自由观察，然后再重点观察，使幼儿获得丰富而全面的信息。

2. 操作法

通过让幼儿给蜗牛造家的活动,调动幼儿学习的兴趣。

四、说教学过程

教学过程分为以下两个环节:① 呈现蜗牛,导入活动;② 观察蜗牛,获取认识。

1. 呈现蜗牛,导入活动

教学开始,我说:"小朋友们,前一段时间我们一起捉了一只小蜗牛,现在就请出蜗牛朋友,来看一看它长什么样子。"以简洁明了的话语直接将幼儿带到观察蜗牛的活动中,目的是把更多的时间留给幼儿探究。

2. 观察蜗牛,获取认识

这是本次活动的重点,通过观察,使幼儿了解蜗牛的外形特征和生活习性。

(1)观察蜗牛的外形特征

在此,我设计了两次观察。第一次是让幼儿自由观察,目的是给幼儿提供宽松的学习氛围,让幼儿从自己的角度来获取信息。教师则给幼儿提供充足的观察时间,并以一个伙伴的身份和幼儿一起观察,注意倾听幼儿的一言一语并给予恰当引导。之后提问:"你们发现了什么?"鼓励幼儿大胆讲述,与同伴、教师分享自己的认识。第二次观察是在教师引导下的观察。目的是使幼儿观察得更深入、细致。我针对幼儿观察有遗漏的地方提出一些问题,如:"蜗牛背上的壳是什么样的?""壳上有什么?""蜗牛的眼睛长在哪里?""蜗牛是怎样走路的?"观察蜗牛的爬行是难点。我利用透明塑料板,让幼儿把蜗牛放在上面,竖起板子从后面观察蜗牛的腹部及爬行。此外,再通过播放蜗牛爬行的录像帮助幼儿获得认识,来突破难点。

(2)了解蜗牛的生活习性

这一教学步骤,我先通过提问唤起幼儿已有经验,请幼儿想一想在哪儿捉住了蜗牛并说一说。然后,让幼儿进行"给蜗牛造家"的活动。具体做法是请每组幼儿在鞋盒里边装上湿土、干沙,把蜗牛放在盒子里。第二天幼儿通过亲自观察,就会更深入地认识到蜗牛生活在潮湿的环境中,同时也培养了幼儿求实的科学态度。通过上述环节的活动,达成目标,解决了重点。

请幼儿把鞋盒放在自然角中,提出问题:"你们猜一猜明天蜗牛会在干沙这边,还是湿土那边。"活动自然结束。

我设计的延伸活动是:第二天组织幼儿观察蜗牛是在干沙边,还是在湿土边。并将蜗牛养在自然角,开展探索蜗牛食性的后续活动。

评　析

上述说课采用了"四说"模式：① 说教材。包括内容出处、内容分析、学情分析、教学目标及重难点、教学准备。② 说教法。③ 说学法。④ 说教学程序。最后是幼儿园教学特有的说活动延伸。有的幼儿园会选用教材，如《渗透式领域课程》《建构式课程》等，有的幼儿园用的是园本教材。幼儿园教材中包括各年龄班教育内容及教案，教师备课时对教材中的教学方案进行分析。因此，教学内容、教学目标及重难点可以放在说教材中，教学准备也是教材的一部分，也可以放在说教材部分。说课中，要分析幼儿的学情，学情分析放在说教材部分是可行的，因为教学内容设计、教学目标制定都需要建立在学情分析基础上。也有人提出"说学情"应放在说教法与学法后、说教学过程设计前，这也合理。通过分析学情，来选择教学方法，设计教学过程。

案例　大班科学活动

"声音从哪里来"说课

一、说教学内容

本次教学内容是让幼儿探索声音的产生，即感知振动产生声音。关于声音，大班幼儿已具有很多知识经验，而且他们对周围世界有着积极的求知探索态度，不满足于知道"是什么"，想知道"为什么""怎么来的"。物体振动产生声音虽然比较抽象，但大班幼儿能初步理解科学现象中比较内在、隐蔽的因果关系，且动手能力强。因此，这一教学内容对大班幼儿具有一定的挑战性，有助于加深、拓展幼儿的经验。

二、说教学目标

《纲要》科学领域目标提出："对周围的事物、现象感兴趣，有好奇心和求知欲；能运用各种感官，动手动脑，探究问题；能用适当的方式表达、交流探索的过程和结果。"根据总目标的要求，通过分析大班幼儿认知特点及教学内容，制定以下活动目标：

（1）感知振动产生声音的现象，初步了解声音产生的原因；

（2）能用完整连贯的语言表达实验的方法和发现，并与同伴交流；

（3）积极参与探索声音的活动。

上述目标兼顾了科学情感与态度、科学过程与方法、科学知识经验三个方面。

教学重点：感知振动产生声音的现象，初步了解声音产生的原因。

教学难点：初步了解振动产生声音。因为对物体用力了，物体会振动，振动产生声音,理解这种间接的因果关系对大班幼儿来说是有一定难度的。因此,定为难点。

三、说教学准备

《纲要》中科学领域教育内容与要求提出应为幼儿"提供丰富的可操作的材料,为每个幼儿都能运用多种感官、多种方式进行探索提供活动的条件",围绕活动目标,准备了以下操作材料:

（1）小鼓、三角铁、木鱼、小铃铛、铃鼓、沙锤、口琴等各种小乐器（每组一套）;

（2）纸片、米粒若干;

（3）乐音、噪音及各种声音资料。

小乐器是典型的感知声音材料,发出声音时振动现象明显,有助于幼儿观察。提供的乐器种类丰富、数量多,可以满足幼儿操作探索的需求。

四、说教法与学法

1. 说教法

在本次活动中,我为幼儿提供好玩的小乐器,让幼儿感知声音;设计"跳舞的米粒""振动的三角铁"的小实验;通过启发性提问引导幼儿进行深入探索。

2. 说学法

在教学中以幼儿为活动主体,通过让幼儿玩乐器来感知声音,做实验来观察振动现象,在表达交流中获得认识。

五、说教学过程

围绕活动目标,设计以下教学过程:猜声音,导入活动;玩乐器,发现声音;做实验,感知振动产生声音的现象;区分乐音和噪音。下面,就请大家和我一起走进课堂。

1. 环节一:猜声音,导入活动

以"猜声音"的游戏导入活动。播放声音请幼儿听辨。幼儿猜出各种声音后,我则引入课题:"小朋友,我们的周围充满了各种各样的声音,今天,老师给你们准备了小乐器,小朋友玩一玩,让它们也发出声音。"导入紧扣活动内容,有效激发了幼儿探索声音的兴趣。

2. 环节二:玩乐器,发现声音

请幼儿自由玩鼓、铃铛等乐器。这一环节分为两个教学步骤。

步骤1:幼儿玩乐器,让乐器发出声音。幼儿在玩乐器的过程中发现敲、摇、碰、晃、吹能让乐器发出声音。之后,提出问题使幼儿思考并交流:"小朋友们,怎样使这些乐器发出声音?"这一教学步骤的目的是使幼儿知道只有对物体用力了,物体才会发出声音。

步骤2:提问,引导幼儿进行深入探索。问小朋友:"吹口琴时,嘴有什么感觉?""敲打三角铁时，握三角铁的手有什么感觉？"使幼儿从关注乐器发出声音的方法，发展到关注乐器发出声音时的振动现象，为下一环节幼儿探索声音产生的原因做好经验准备。

3. 环节三：做实验，感知振动产生声音现象

发现物体振动产生声音是教学难点。为解决这一难点，我将物体振动产生声音这一抽象概念转化成幼儿可以感知到的现象。请幼儿分别做两个实验：一个是"跳舞的米粒"，将适量米粒放在鼓面上，请幼儿拍打鼓面并观察鼓面上的米粒有什么变化。教师提问："为什么米粒会跳动？"鼓励幼儿说出自己的理解和认识。再请幼儿把手放在鼓面体验敲鼓时手振动的感觉。另一个实验是"振动的三角铁"，让幼儿用手轻触敲打后的三角铁，幼儿用触觉感知振动现象。通过实验，幼儿获得了振动产生声音的感性认识，突破了教学难点。

4. 环节四：区分乐音及噪音

《纲要》科学领域目标提出要培养幼儿初步的环保意识。结合本次活动内容我设计了这个环节。播放优美的乐曲和刺耳的噪音。让幼儿听后谈一谈自己的感受。教师总结：生活中有好听的声音，叫乐音；也有不好听的声音，叫噪音。噪音会破坏听力。因势利导教育幼儿在生活中用轻的、好听的声音说话和唱歌，不要大声喊叫，避免产生噪音。这个环节既紧扣活动内容，拓展了幼儿关于声音的知识经验，又自然渗透了环保教育。

六、说教学延伸

本次活动结束了，但幼儿对声音的探索兴趣仍然浓郁。我设计的延伸活动是：寻找声音。教师带领幼儿到户外寻找各种各样的声音，进一步激发幼儿对周围环境中声音探索的兴趣。

评 析

上述说课是按照设计幼儿园教学活动方案的思路说的，所说内容和教案内容基本一致，因此，在幼儿园说课中比较常见。上述说课中没有单独列出幼儿的学情分析，而是放在说教学内容中加以阐述。加上说活动延伸一共有六个部分，也可以称为"六说"模式。在文字表述上，也可以和幼儿园教案一致，如"说教学目标"称为"说活动目标"，"说教学准备"称为"说活动准备"，"说教学过程"称为"说活动过程"，等等。

四　幼儿园说课的变式

说课有一定的模式可以参照,但并非要千篇一律,如八股文一样走向僵化,失去活力。在说课实践中,教师应把握住说课基本内容并在此基础上进行变通,使说课具有特色和个性。现列举三种做法。

(一)说"教学设计理念"

教学设计是在一定的教育理念指导下进行的,教育理念贯穿于整个说课过程。说课时,也可以把教育理念单独列出来说。

案例　说教学设计理念

大班绘画活动"奔跑的马"说课

在幼儿绘画教学中,如何看待幼儿绘画技能学习与幼儿表达表现的关系?对此看法各不相同。我认为绘画更应该以发挥幼儿的艺术天性和创造力为主。对幼儿而言,喜欢绘画、愿意绘画以及享受绘画表现的过程比绘画结果更重要。本次活动,我尝试改变以往国画活动中普遍使用的"教师示范,幼儿临摹"的做法,尽力让幼儿摆脱教师示范画的束缚,大胆画出自己想画的东西,让幼儿在绘画活动中真正体验到创作的乐趣。

"奔跑的马"的说课者开篇先说教学设计理念。说课者鲜明地亮出自己设计幼儿绘画教学的指导思想——要发挥幼儿的艺术天性和创造力,给整个教学活动设计定下了基调,给人留下深刻印象。

(二)说"教学特色"

说课时还可以说"教学特色",其目的是促使教师梳理、提炼自己设计的活动在内容选择、教学方法、过程设计等方面有无亮点,"亮点"是什么,凸显教师的教学特色。说教学特色,会对整个说课起到画龙点睛的作用。

案例　说教学特色

大班艺术欣赏活动"皮影戏"说课

本次教学活动,在内容上我选择了我国民族文化中的瑰宝——皮影戏。通过活动,使幼儿了解了皮影戏这种优秀的民间艺术形式，感受、欣赏到其中蕴含的知识、品性等文化内涵，陶冶了幼儿的情操。更重要的是吸引幼儿从小就关注民族文化，传承民族精神，这对幼儿的成长具有深远的价值。

上述案例是某教师在说课最后所陈述的教学特色。这位教师抓住教学内容有特色这一点加以阐述，将其上升到教育对民族文化的传承，对幼儿可持续发展的深远影响，为其说课增色不少。说教学特色一般放在说课最后，说的时候注意不要面面俱到，否则，也就不成为特色了。

（三）说"设计思路"

说课开始，教师把如何依据目标选内容，对内容的分析，对幼儿学情分析综合在一起，总称为说"设计思路"。

案例 说设计思路

大班健康活动"心·情播报"说课

《纲要》中指出："树立正确的健康观念，在重视幼儿身体健康的同时，要高度重视幼儿的心理健康。"幼儿的身体健康和心理健康密切相关，幼儿的心理健康以情绪愉快、适应集体生活为主要特征。现在，很多孩子由于家长的溺爱，使他们以"自我为中心"的性格明显外露。当一些情绪得不到满足时，经常大哭大闹，不会调节自己的心情，不知道保持良好情绪的重要性。大班幼儿情绪情感进一步发展，情感丰富，对人的情绪"喜、怒、哀、乐、悲"等都有所认识。根据《纲要》精神和大班幼儿身心发展特点，我设计了本次活动。让幼儿借助轻松有趣的电视节目式播报，充分表达自己的心情，使幼儿了解不同的情绪对人身心健康的影响，提高幼儿调节自己情绪的能力。

上述案例以说"设计思路"作为说课开篇。设计思路中主要阐述了教师对活动内容选择的依据，对幼儿相关能力的分析，阐述了活动对幼儿发展的价值，体现了教师对本次教学的总体考虑。这种开篇说设计思路的说法，在幼儿教师说课中比较常见。

说课有基本模式可以遵循，目的是使教师把握说课内容，但说课又不应该遵循固定模式。说课者的教学观念、教改意识，在教学内容、教学设计上的不断改革和创新，是说课的灵魂。因此，无论选用什么说课模式，只要说出水平，说出自己的独到之处，就是好的说课。

岗课赛证

1. 谈谈你是怎样理解说课的？
2. 幼儿园说课常用模式有哪两种？
3. 搜集一篇幼儿园说课稿，阅读并分析其说课内容。
4. 阅读下列材料，谈谈你对说课意义的认识。

一位教师的说课体会

　　学校组织教师进行说课比赛。开始准备的时候，我认为说课无非是说出教学设计，然后再说"为什么这样设计"。自己已经从教十年，说一节课还是很容易的。然而随着准备的深入，我越来越发现"说课"并非如我原先所想的那样简单。上课时，我往往凭经验和直觉来实施教学，说课却需要思考"为什么"。撰写说课稿的过程中，我一次次向自己发问，如："为什么采用这种导入形式？这样导入预期会产生什么效果？教学环节之间有什么联系？"这个过程非常艰难，有时甚至是痛苦，因为必须从理论上给出解释，当解释不了"为什么"时，说课稿就写不下去。我再次学习教育教学理论，对照理论研究自己的教学设计，寻找答案。例如，以前上课时，我并未觉察到隐藏于头脑中的教育观念是如何影响教学设计的，说课促使我把它提炼并阐述出来，当我从理论层面审视教学时，感觉自己对教学的认识有了质的飞跃，驾驭教学的能力显著提高。这次说课是我教学生涯的一个转折点，促使我从经验型教师向研究型教师发展。

2

第二单元　幼儿教师说课技能

教学课件

单元结构

幼儿教师说课技能

- 说教学内容
  - 关于教材与教学内容的基本知识
  - 幼儿园教材与教学内容的特点
  - 说教学内容
  - 说教学内容应注意的问题

- 说学情
  - 学情分析的基本知识
  - 如何说学情
  - 说学情应注意的问题

- 说教学目标
  - 教学目标的基本知识
  - 如何说教学目标及重难点
  - 说教学目标及重难点应注意的问题

- 说教学准备
  - 教学准备的基本知识
  - 如何说教学准备
  - 说教学准备应注意的问题

- 说教法与学法
  - 关于教学方法的基本知识
  - 如何说教法与学法
  - 说教法与学法应注意的问题

- 说教学过程设计
  - 教学过程设计的基本知识
  - 如何说教学过程设计
  - 说教学过程设计应注意的问题

- 说好课的必要准备
  - 说课准备程序
  - 说课准备要求

- 说课中多媒体课件的制作与运用
  - 课件制作的原则
  - 科学认识课件辅助说课
  - 说课课件制作小技巧

第一课 说教学内容

问题情境

　　某幼儿园举办说课研讨活动,教师们对"如何说教学内容"产生了疑问。刘老师说:有的教师说的是"说教材",有的教师说的是"说教学内容",教学内容和教材是一回事吗? 这反映出教师对教材和教学内容的概念不明确。本课就此问题,引领学习者了解教材和教学内容的相关知识,明确幼儿园教材和教学内容的特点,并在此基础上阐述怎样说教学内容。

一　关于教材与教学内容的基本知识

（一）教材的含义

　　什么是教材? 持不同观点的人对这一问题有不同看法。《中国大百科全书(教育)》对教材的解释是:① 根据一定学科任务,编选和组织具有一定范围和深度的知识技能体系,一般以教科书的形式来具体反映;② 教师指导学生学习的一切教学材料。我国学者顾明远主编的《教育大辞典》对教材的界定是:教材是教师据以进行教学活动的材料,教学的主要媒体,通常按照课程标准(或教学大纲)的规定,分学科门类和年级顺序编辑,包括文字教材和视听教材。

（二）教学内容的含义

　　教学内容,是具体形态层面的概念。从教的方面说,指教师在教的实践中呈现的各种材料及所传达的信息。它既包括在教学中对现成教材内容的沿用,也包括教师对教材内容的"重构"——处理、加工、改编乃至增删、更换。

（三）教学内容和教材的关系

　　教学内容和教材不是同一概念。教学内容应包含教材,但不局限于教材。教材是规定的,教学内容是在分析教材的基础上,对教材的二次加工。例如,某教师说课内容来自教材,但是教师根据幼儿的实际水平,对教材中的内容进行了筛选和处理,包括调整内容难度、广度,确定内容重难点。我国著名教育家叶圣陶曾经说过:"教材只能作为授课的依据,要教得好,使学生受益,还得靠教师的善于应用。"

二 幼儿园教材与教学内容的特点

（一）幼儿园没有国家统编教材，教材呈现多元化状态

中小学有国家规定的课程标准和统编教材。幼儿园只有国家颁布的《纲要》这个课程文件。《纲要》中提出了选择幼儿园教育内容的基本要求，指出了各领域教育内容的大致范围。如《纲要》中指出科学领域教育内容的范围是：探究身边常见事物的特点和变化规律；感受科学技术对生活的影响；了解自然、环境和人类生活的关系。幼儿园没有国家统编教材，各省市、地区不同的幼儿园选用的教材不尽相同。

（二）幼儿园教学内容比较灵活和开放

《纲要》在教育活动组织与实施部分提出："善于发现幼儿感兴趣的事物、游戏和偶发事件中所隐含的教育价值，把握时机，积极引导。"因此，幼儿园教学内容可以来自教材，也可以来自幼儿生活，基于幼儿的兴趣和需要生成教育内容。只要教师选择的内容符合五大领域教育总目标要求，能为幼儿提供有益的经验，促进幼儿身心和谐发展即可。例如，小朋友在草地上玩的时候发现了蚱蜢，对此产生了浓厚的兴趣，教师就引导幼儿捉蚱蜢进行饲养，让他们观察、了解蚱蜢的生活习性，并设计了教学活动开展相关谈话，帮助幼儿梳理有关蚱蜢的知识，作为"动物"这一主题的补充教学内容。

三 说教学内容

教学内容是关于本次教学活动教师"教什么"、幼儿"学什么"的问题，是教学的载体。说"教学内容"，一般要说清楚以下两点。

（一）教学内容的来源及选择依据

1. 说明教学内容的出处

教学内容是从幼儿园教材中所选，需要说明内容出自什么教材。如教学内容是教师根据幼儿兴趣设计的内容，更要予以说明。另外，所选教学内容如涉及地域特色或是园本课程特色时也可以加以说明。

2. 说明选择教学内容的依据

说明选择教学内容的依据，即说明为什么要选择此项内容。阐述选择教学内容依据时，需从内容与领域目标的关系，内容蕴含的促进幼儿发展的价值，内容与幼儿年龄适宜性关系等方面说明。

（二）教学内容的分析及处理

1. 说明对教学内容的取舍和重点的选择

说明如何根据教学要求、教材特点和幼儿实际，确定教学内容以及这样处理的理由。

2. 说明对教学内容的理解

阐述教学内容的特点及对教学内容的准确理解。

案例1　说教学内容

小班语言活动"拔萝卜"说课

我说的课题是小班故事《拔萝卜》。《拔萝卜》是幼儿园语言教材中的小故事,它蕴含在优美语言中的深刻哲理教育了一代又一代人。故事中老公公、老婆婆、小姑娘、小狗儿、小猫儿、小耗子一起拔萝卜,这"老-少-小"组成的优美、和谐的画面,带给人一个温馨、和谐的世界,一个给成长中的孩子以哲理启示的世界。

《拔萝卜》是一篇非常适合小班幼儿学习的故事素材。这是因为:主题单纯,以"拔萝卜"为线索,贯穿始终;结构简单,情节反复,充分渲染了主题,便于小班幼儿理解;内容富有儿童情趣,贴近幼儿生活,幼儿在体育游戏中,亲身感受过"拔萝卜"的动作;语言简明上口,其中重复的语言,便于小班幼儿记忆,更有利于学习语言。图片画面形象直观,静态的萝卜和不断增加的动态人物有助于小班理解"人多力量大"这一道理。以上是我对教学内容的分析和理解。

上述案例中教师说教学内容时主要阐述了教学内容来源于语言教材,详细分析了教学内容与小班幼儿年龄适宜性的关系。教师对教学内容的特点分析得很深刻。

案例2　说教学内容

大班数学活动"给汽车编牌号"说课

《纲要》科学领域关于数学教育的目标提出:"在生活和游戏中感受事物的数量关系并体验到数学的重要和有趣。"汽车作为现代交通工具是幼儿非常熟悉的。我发现班上幼儿大都能记住自己家的汽车牌号,但对本地车牌号有几位数等问题不清楚,因此,我设计了"给汽车编牌号"这个活动,内容确定为让幼儿用3个数字给汽车编牌号,让幼儿探索发现3个数字有6种排列组合方式,使幼儿认识到数字的编码作用,培养幼儿应用数字的意识和能力。教学活动内容既贴近幼儿的生活,又有助于拓展幼儿关于数字的经验。符合《纲要》倡导的"幼儿数学教育生活化"的教育理念。

上述案例中教师说教学内容时主要阐述了以下三点：阐述了在《纲要》科学领域数学教育目标指导下对教学内容的选择，说明了为什么要选这项内容，以及这项内容对促进幼儿数学认知、能力、情感态度方面发展的价值。

四 说教学内容应注意的问题

（一）交代清楚教学的具体内容

有的教师说教学内容时，听者不清楚幼儿到底要学什么。例如，某教师说中班数学活动"排一排"内容时说道："我说的是中班数学活动'排一排'，这项内容对发展幼儿初步的逻辑思维能力有很大价值。"该教师没有说清楚幼儿到底学什么，"排一排"指的是什么。其实，该教师说的是数学中的排序内容，让幼儿学习按一定规则排序。这个例子中，教师把"课题名称"等同于教学内容。课题名称并不涵盖教学内容。

（二）交代清楚选择教学内容的依据

一般来说，来自幼儿园教材的内容，教材编者已经考虑了合目的性。合目的性指的是选择的教育内容必须符合并有助于实现课程目标。当教学内容是教师根据幼儿兴趣点设计的内容时，则要说明该内容是否有助于实现课程目标。例如，某教师发现幼儿对雾霾天气认识模糊，很多幼儿认为是一种天气现象，就如风、雨、雪一样，还有个别幼儿认为是下雾了。《纲要》科学领域目标要求幼儿"关心周围环境，有初步的环保意识"，于是就设计了"探究雾霾"的教育活动。这项教育内容将有助于实现"培养幼儿环保意识"的教育目标。

第二课 说学情

问题情境

在某院校学生说课中，教师发现学生对幼儿学情分析存在很多问题。有的是一带而过，未深入阐述。有的是套用模式化语言。如"幼儿能力发展不完善""幼儿思维水平有限"等模糊不清的语言。本课就此问题，引领学习者了解分析学情的相关知识，并在此基础上阐述怎样说学情。

一 学情分析的基本知识

（一）什么是学情

学情，就是包括教育对象年龄特征、认知能力、学习方式及已有知识和经验等情况的总和。

（二）分析学情的重要性

1. 分析学情是上好一节课的关键

有的教师准确把握住了教学目标和内容,但是教学效果不好,其重要原因之一就是没有把握住幼儿的学习情况。例如,某教师查阅到一个大班科学教案"物体的下落",就在幼儿园公开课中实施这个教学活动,教案中有让幼儿记录实验现象的环节,结果班上幼儿都不知道怎样记录,虽然她一再强调记录方法,但幼儿仍很迷茫。原因是在平时的科学活动中,幼儿没有学过记录,没有这方面的经验和能力,本次活动中当然就不会记录了。这名教师忽略了幼儿的经验状况。

2. 分析学情是教学设计的有机组成部分,与教学设计的其他要素关系密切

首先,学情分析是教学目标设定的基础。只有了解幼儿的已有经验和认知特点,才能确定其在不同领域和不同学习活动中的最近发展区。其次,学情分析是确定教学内容的依据。只有根据具体的幼儿才能界定教学内容的广度、深度、关键点。没有学情分析的内容是无的放矢。最后,学情分析是教学活动设计的落脚点。没有幼儿的知识经验基础,教学很可能成为空中楼阁,难以顺利实施。

二 如何说学情

说学情就是阐述对幼儿学习情况的分析。可以围绕以下内容阐述。

（一）说幼儿年龄特点

这些特点包括幼儿年龄的一般特点及托班、小班、中班、大班幼儿的不同年龄特点。如大班的幼儿表现出以下年龄特点:自我评价能力逐步发展,情感的稳定性和有意性增长,自理能力和劳动能力明显提高,合作意识逐渐增强,规则意识逐步形成,动作控制能力明显增强,爱学、好问,有极强的求知欲望。

（二）说幼儿认知能力

分析幼儿的认知特点和能力,包括幼儿在健康、语言、社会、科学、艺术领域学习中的认知发展水平,如不同年龄幼儿语言发展特点、水平;不同年龄幼儿数概念发展特点、水平;不同年龄幼儿社会性发展特点与水平等;幼儿的观察能力、思维能力、操作能力等。对幼儿能力的培养是教学的重要目标,同时,幼儿的能力也是教学活动得以开展的重要因素与资源。正确、准确地分析幼儿的能力,是正确、准确地设计教学目标的前提。

（三）说幼儿已有知识经验

对幼儿知识、技能的分析是对幼儿情况最基本的分析,主要指幼儿在学习新内容时所具有的基本的、前提性的知识经验与技能,这是幼儿学习新内容的基础。针对教学内容,分析幼儿已具备的相关知识经验,如果幼儿不具备这些知识,需要在课前丰富幼儿的知识经验,还可以适

当调整教学难度和教学方法。

（四）说幼儿学习方式与特点

《3—6岁儿童学习与发展指南》（以下简称《指南》）指出：幼儿的学习是以直接经验为基础，在游戏和日常生活中进行的。要珍视游戏和生活的独特价值，创设丰富的教育环境，合理安排一日生活，最大限度地支持和满足幼儿通过直接感知、实际操作和亲身体验获取经验的需要。是否把握幼儿的学习方式和特点，决定着教师所采用的教学方法和手段是否适合幼儿。

案例　说学情

大班语言活动"雨中的森林"说课

大班上学期幼儿年龄在5岁左右，他们思维活跃，想象力丰富。散文诗《雨中的森林》为幼儿展开想象提供了广阔的空间。

我班幼儿在以往类似的语言活动中，大多能够在教师引导下理解作品的主要内容，但在口语表达方面有所欠缺，语言表达不太流畅。有时表现为用词不恰当。所以，根据幼儿的表达水平，本次教学我注意引导幼儿积累一些词汇，使其在口语表达方面有所进步。

大班幼儿爱表现，希望得到教师的表扬，他们的竞争意识比较强。抓住大班幼儿这一心理特点，教学中我积极创造条件和机会，让幼儿发表见解并给予其表扬和鼓励，还采用小组比赛的形式让幼儿朗诵，充分发挥幼儿学习的主动性和积极性。

在上述"说学情"案例中，教师对大班幼儿的年龄特点、本班幼儿的口语表达水平等方面进行了有针对性的分析和阐述，并在此基础上选择恰当的教学方法和组织形式。

三　说学情应注意的问题

（一）要重视说学情

有些教师说课时，往往比较注重内容选择、方法运用、材料准备和过程设计，对学情分析不够重视，体现在说课时不说学情，或三言两语一带而过。学情分析是对以"幼儿为中心"的教学理念的具体落实，因此，必须从思想上重视学情分析。在说课中，无论是把学情和教学内容一起作为教学资源加以分析，还是单独阐述，都必须有对幼儿学情的分析和思考。

（二）说学情要说得具体、准确

分析学情的目的在于更好地制定教学目标和选择教学方法，正确的学情分析既可以体现教师对某年龄幼儿的了解程度,同时能够为正确地选择教学方法奠定基础。每个年龄段的幼儿都有各自不同的特点,不论是生理上、心理上还是认知方面,要针对所说领域及教学内容有针对性地分析学情,切勿生搬硬套一些与教学内容无关的幼儿特点。有的教师从一些教材或者辅导材料上摘抄一些模式句,对学情分析用词模糊。如说幼儿思维特点时,无论哪个年龄班都说"幼儿的思维以具体形象为主"。小、中、大班幼儿的思维水平不同,如小班幼儿是从直觉行动思维向具体形象思维发展,中班幼儿是典型的具体形象思维,大班幼儿抽象逻辑思维开始萌芽。分析学情时,要在明确幼儿身心发展的普遍特点基础上,根据所说内容和年龄班把学情说得具体、准确。

资源链接

3～6岁幼儿年龄特点简介

一、小班幼儿年龄特点

小班(3～4岁)的孩子刚从婴儿期步入幼儿期,一方面,他们不免带有一些婴儿的"痕迹";另一方面,由于身心发展迅速,他们又开始具有幼儿期的显著特点。因此,小班幼儿的年龄特点十分突出。

1. 动作发展快

小班幼儿处于身体迅速发展的时期,而动作发展又是其重要标志。他们身体和手的动作已经比较自如,可以掌握各种粗大动作和一些精细动作。由于动作发展的需要,小班幼儿特别好动。由于骨骼肌肉的发展和大脑调节控制能力的不断增强,在小班这一年中幼儿动作的进步非常快。3岁幼儿在动作发展方面已经表现出明显的个体差异。我们发现,这些差异与他们的先天身体素质、性别、个性及早期教养环境有关。

2. 认识靠行动

幼儿动作的发展对他们的身体发育、思维发展都有重要的价值。刚刚走过婴儿期的3岁幼儿,正处于直觉行动到具体形象思维的过渡阶段,他们的认识很大程度上要依赖行动。同时,3岁幼儿的口语表达和人际交往能力与中班、大班相比还较差,他们也常常通过自己的行动表达需求。

3. 情绪作用大

情绪对3岁幼儿的支配作用很大。他们容易激动,而且激动起来就难以控制。他们对成人表现出强烈的依恋,初次离开父母会表现得极为不安。小班幼儿不仅依恋成人,而且同伴之间的交往对他们的情绪也有很大影响。他们的认识主要受外界事物和自己的情绪支配,他们的许多活动也都是"情绪化"的。

4. 爱模仿

爱模仿是3岁幼儿突出的年龄特征。他们喜欢模仿老师、家长和伙伴。小班幼儿在模仿中学习、成长。模仿可以成为他们的学习动机，也可以成为他们学习他人经验的过程。幼儿的模仿并不是消极被动的临摹，他们在模仿中同样有创造，有自己个性与情感的表达。

5. 常把假想当真实

幼儿常把自己假想的事情当作真实的事情，是他们想象夸张性的表现。幼儿喜欢游戏，就是因为他们沉迷于想象的情景，把自己当成了游戏中的角色。这一特点在3～4岁的幼儿身上十分突出。

6. 常把动物或物体也当作人

幼儿常常把动物也当成人，甚至觉得没有生命的物体也会说、会动、会想，是他们的同类。他们常和"娃娃"说话，跟小椅子"再见"，这是幼儿思维"拟人性"特点的体现。正因如此，3～4岁的幼儿喜爱童话故事，自己也常生活在童话世界之中。教师要理解和接纳幼儿的这一特点，并运用这一特点进行教育，如用拟人化的口吻与幼儿做游戏，比空洞抽象的说教有效得多，它能使幼儿保持愉快的心境，同时把教育的要求顺利转化成幼儿自身的需求。

二、中班幼儿年龄特点

1. 有意性行为开始发展

4～5岁幼儿在集体中行为的有意性增加了，注意力集中了。集中精力从事某种活动的时间也较以前延长，小班集体活动15分钟，中班为25分钟左右。他们能接受成人的指令，完成一些力所能及的任务。在幼儿园里，可以学当值日生，为班级的自然角浇水，帮助老师摆放桌椅等。在家里，能够收拾自己的玩具、用具，并能帮助家人收拾碗筷、折叠衣服等。表明此年龄幼儿已出现了最初的责任感。

2. 学习控制自己的情绪

4～5岁幼儿的情绪较之3岁幼儿更稳定，他们的行为受情绪支配的比例在逐渐下降，开始学着控制自己的情绪。在商场，当他们看到喜爱的玩具，已不像2～3岁时那样吵着要买，能听从成人的要求，并用语言自我安慰："家里已有许多玩具了，我不买了。"在幼儿园里，同伴间发生争执时，有时也能控制自己的情绪和行为。当然，他们并非对所有的事都能调节好，对特别感兴趣的事和物仍然受情绪支配，甚至还会出现情绪"失控"现象，遇到不顺心时仍会大发脾气。

3. 规则意识萌芽，是非观念较模糊

在集体生活中，4～5岁幼儿不仅开始表现出自信，而且规则意识萌芽，懂得要排队洗手、依次玩玩具等。当他们与人相处时，表现得有礼貌了，会主动说"谢谢""对不起"等，此时幼儿的是非观念仍很模糊，只知道受表扬的是好事，受指责的是坏事，喜欢受表扬,听到批评会不高兴或感到很难为情。

4. 在活动中学会交往

4～5岁的幼儿喜欢和同伴一起玩,在活动中他们逐渐学会了交往,会与同伴共同分享快乐,还获得了领导同伴和服从同伴的经验。此时他们开始有了嫉妒心,能感受到强烈的愤怒与挫折。有时,他们还喜欢炫耀自己所拥有的东西。当然,在集体活动中他们也了解和学会了与人交往及合作的方式。

5. 动作发展更加完善,体力明显增强

4～5岁幼儿精力充沛,他们的身体变得结实,体力较佳,可以步行一定的路程。基本动作更为灵活,不但可以自如地跑、跳、攀登,而且可以单足站立,会抛接球,能骑小车等,手指动作比较灵巧,可以熟练地穿脱衣服、扣纽扣、拉拉链、系鞋带,也会进行折纸、串珠、拼插积木等精细动作。动作质量明显提高,既能灵活操作,又能坚持较长时间。

6. 活泼好动、积极运用感官

随着身心的发展,幼儿对周围的生活更熟悉了,他们总是不停地看、听、摸、动,见到了新奇的东西,总爱伸手去拿、去摸,还会放在嘴里咬咬、尝尝,或者放在耳边听听、凑到鼻子前闻闻,他们会积极地运用感官去探索,去了解新鲜事物。还常常喜欢寻根刨底,不但要知道"是什么",而且还要探究"为什么",如"为什么鸟会飞""洗衣机为什么会转动"等。

7. 思维具体形象,根据事物的表面属性概括分类

4～5岁幼儿的思维具有具体形象的特点。这时期的幼儿在已有感性经验的基础上,开始能对具体事物进行概括分类,但概括的水平还很低。其分类是根据具体事物的表面属性(如颜色、形状)、功能或情景等。如把苹果、桃、梨归为一类,认为这些水果可以吃,吃起来水分多;把太阳、卷心菜归为一类,认为这些都是圆形的;把玉米、香蕉归为一类,认为这些都是黄色的。

8. 对事物的理解能力逐渐增强

4～5岁幼儿对事物的理解能力开始增强,在时间概念上,能分辨什么时间该做什么事情;在空间概念上,能区别前后、中间、最先、最后等位置,部分幼儿还能分清左右;在数量上,能自如地数1～10。对物体量的概念也有初步的认识,会区别轻重、厚薄、粗细等。能把物品从大到小摆成一排。初步理解周围世界中表面的、简单的因果关系,如能够明白种花若不浇水,花就会枯死的道理。

9. 能独立表述生活中的各种事物

4～5岁的幼儿已能清晰地谈话,词汇开始丰富,喜欢与家人及同伴交谈;能够独立地讲故事或叙述日常生活中的各种事物,但有时讲话会断断续续,因为他们还不能记清事物现象和行为动作之间的联系。他们还会根据不同对象的理解水平调整自己的语言,如对小妹妹说"爸爸走了",对妈妈说"爸爸去商店买吃的东西了"。有

时他们也能表述相当复杂的句子："我还没来得及把蛋糕放在桌子上，小红就把它吃掉了。"

10. 游戏中表征水平提高

4～5岁的幼儿不但爱玩，而且会玩。此时的幼儿不仅游戏兴趣显著增强，且水平也大大地提高了，他们能够自己组织游戏，选择主题、自行分工、扮演角色等，游戏情节丰富、内容多样化，还出现了以物代物等替代行为，表征水平有了提高。他们的游戏不仅反映日常生活的情境，还经常反映电视、电影里的故事情节。

11. 具有丰富、生动的想象力

4～5岁的幼儿活泼、好动，并且富于想象，难以分清假想和现实，他们常常会把看到的内容融入自己的想象，如当幼儿站在阳台上往下看，成人提醒其要当心，他会说："没关系，我会飞。"他们还喜欢假装做什么，常和想象中的伙伴一起玩。

12. 通过手、口、动作、表情进行表现、表达与创造

4岁的幼儿喜欢唱歌，会拍打较容易的节奏，他们能说出至少6～8种颜色，喜欢涂涂画画，能用黏土或橡皮泥捏出一些形状和物体，如圆形、方形、西瓜、苹果、香蕉等，有时还会捏出人像或动物的形象。这一时期的幼儿在表达自己的想法时，经常要用手势、表情一起帮助表达与创造。

三、大班幼儿年龄特点

1. 自我评价能力逐步发展

5岁以后，幼儿的个性特征有了较明显的表现，其中最突出的是幼儿自我意识的发展，自我意识也就表现为幼儿的自我评价。

2. 情感的稳定性和有意性增长

这个阶段的幼儿已经能有意识地控制自己情感的表现，比如，在参加户外活动时摔疼了，他能忍着不哭，课上自己表现不好被老师批评或自己的好朋友不跟自己玩时会感到难受和不安，等等。5～6岁幼儿的情感虽然仍会因外界事物的影响而发生变化，但他们情感的稳定性开始增强。

3. 自理能力和劳动能力明显提高

这一阶段的幼儿在生活自理方面较前更独立了，他们能选择喜欢的、适合自己的衣服，独立吃饭并自己整理桌面，也能不影响别人安静地入睡。通过老师的鼓励，他们也喜欢参与成人的劳动，在家里会扫地、擦桌子、整理自己的用品。在幼儿园里能做一些力所能及的整理、值日生劳动等，并能表现出一定的责任感。

4. 合作意识逐渐增强

该年龄段幼儿开始有了合作意识。在一些合作性的游戏中，他们会选择自己喜欢的玩伴，还会主动向其他伙伴介绍、解释游戏规则。

5. 规则意识逐步形成

大班幼儿的规则意识逐步形成，他们开始学习着控制自己的行为，遵守集体的一些共同规则,比如,在游戏结束后,会主动把玩具整理好放回原处,上课发言要举手等。他们特别喜欢玩规则游戏。

6. 动作灵活、控制能力明显增强

大班幼儿平衡能力增强。他们可以灵活地使用剪刀,用橡皮泥等材料捏出各种造型,还能正确地使用画笔、铅笔进行简单的美工活动。

7. 爱学、好问,有极强的求知欲望

大班幼儿对周围世界有着积极的求知探索态度,他们常常会提出问题,如"为什么月亮会跟着我走?鱼儿为什么能在水里游?""电视机里的人怎么会走路、说话?"等。

8. 能根据周围事物的属性进行概括和分类

随着抽象逻辑思维的发展,他们已经能对一些比较基本的事物进行归类,比如能区分动物和植物等。

9. 能生动、有表情地描述事物

大班幼儿语言表达能力显著提高,他们已经能系统地讲述在生活中的见闻,也能生动有感情地描述事物。对于语言方面的看图讲述能力也明显提高,在讲述时能根据图片内容想象他们的心理活动。

10. 阅读兴趣显著提高

对图书的阅读兴趣浓厚,能较长时间专心地看书,对内容的理解能力较强。开始对文字产生兴趣,当他们在书中看到自己认识的汉字时会非常兴奋,识字的积极性很高,记忆力很强。

11. 表现与表达方式多样化

这一年龄段的幼儿表现欲望强烈,他们会用多种方式表达自己的想法。例如:在美工活动中,会用多种工具进行绘画;在音乐活动中,会通过歌舞、乐器、语言等方式表达自己对音乐的理解;外出参观后,会用绘画、表达、建构等方式反映自己的所见所闻。

第三课 说教学目标

问题情境

在某院校学生的说课练习中,教师发现很多学生说教学活动目标时,只是把活动目标讲述一遍,不清楚如何阐述理论依据。另外,教学活动目标内容也存在很多问题。本课就此问题,引领学习者学习关于教学活动目标的相关知识并阐述怎样说教学目标。

一 教学目标的基本知识

（一）教学目标的含义

教学目标是对学习者通过教学活动将获得什么的一种明确具体的表述，主要应描述学习者通过学习预期产生的行为变化。教学目标在教学中居于核心地位，是教学的出发点和归宿。

（二）教学目标的制定

1. 制定依据

制定教学目标的依据主要有三个方面：① 领域总目标及领域各年龄段目标；② 教学内容的作用与地位，能力与情感要求；③ 幼儿认知水平与思维特征。所以，确立教学目标的基础是对领域总目标及年龄段目标的研读和把握，对教学内容和幼儿情况深入细致的分析。

2. 制定要求

（1）全面。即从认知目标、情感态度目标、技能目标三维角度考虑。需要注意的是，三维目标不是割裂的，就如同立方体的长、宽、高三个维度一样，是一个事物的三个方面，而不是独立的三个目标。从"三维目标"考虑，不是说三维目标都要涉及，应根据不同领域的具体教学内容有所侧重。在具体表述时，可以把其他维度目标渗透到所撰写的目标中去，或渗透到活动的环节和流程细节中去。

（2）具体明确。即目标不是大而空泛，应具有可操作性。以行为主义目标陈述理论为基础，可以获得具有可操作性和可观察性的目标表述。行为主义目标理论的主要观点是：教学目标表述应包括四个要素，即行为主体、行为活动、行为条件和行为标准。

（3）难易适合幼儿。即目标不能太高，幼儿经过努力无法达到；也不能太简单，否则无法促进幼儿进一步发展。

（4）目标表述行为主体一致。目标表述有教师作为行为主体以及幼儿作为行为主体两种方式。当前倡导幼儿作为行为主体来表述目标。需要注意的是，在一个教学活动目标的表述中，行为主体要一致。

（三）教学重点与难点

确立教学重点与难点的目的主要是有利于在教学设计和实施中分清主次，合理分配教学时间和精力，为采取适宜的教学方法与学习方法做好准备。

1. 教学重点

教学重点是指在教学目标中起决定性作用的内容。从认知角度来看，是该教学内容的知识结构体系中的关键点；从技能角度来看，是获得知识最关键的方法与技能；从情感角度来看，是影响学习效率最核心的态度、情绪体验、价值观和个性特征。

2. 教学难点

教学难点是指教学目标中幼儿难以理解和掌握的内容。教学难点确立的依据主要是某教学目标与幼儿学力水平的关系。教学难点的确立因幼儿的实际水平而定,同一内容,对某个班的幼儿来说是难点,但对另外一个班的幼儿来说不一定是难点。

教学重点和难点有时是一致的。

二 如何说教学目标及重难点

说教学目标和重难点时要说清楚以下两点。

(一)教学目标的内容及制定依据

即教学目标是什么,为什么这样制定。

(二)教学重点、难点的内容及确定依据

即教学重点是什么,难点是什么,为什么是难点。

案例 说教学目标

小班综合活动"我学小动物"说课

通过分析教学内容及小班幼儿对"小动物"的已有经验,制定的教学活动目标如下:

(1)体验模仿小动物的乐趣;

(2)理解故事中的词汇"轻、响、快、慢"并能运用自然音说话、正确发音,能够大胆表演出几种常见动物的叫声和动作;

(3)在活动中,幼儿观察、模仿和口语表达能力获得发展。

本次教学是一个综合活动,涉及语言领域、科学领域与艺术领域方面的内容。但教学重点以语言领域中的故事为主,主要引导幼儿理解故事内容并能够模仿出几种常见动物的叫声与动作。因此,把目标(2)"运用自然音说话、正确发音,能够大胆表演出几种常见动物的叫声和动作"定为教学重点。

教学活动的难点定为"理解故事中的词汇'轻、响、快、慢'"。故事中的词汇是具有相反意义的词汇,需要幼儿有一定的比较能力,小班幼儿自我控制能力差,表现轻、响、快、慢时转换比较困难。因此,定为难点。在教学中,通过在游戏中的多次练习、重复,使幼儿反复感受、反复体验,从而理解这些词汇的意义,以突破难点。

上述"说教学目标"案例中先说了教学目标、重难点的具体内容,然后解释了为什么把该内容定为重点、难点,阐述了教学中突破难点采用的方法。

三 说教学目标及重难点应注意的问题

（一）教学目标制定要准确

在说教学目标时先要保证制定的教学目标内容没有问题。如果教学目标存在问题，说课时这些问题就会暴露出来。教学目标制定常出现以下问题：① 目标空泛、抽象、笼统、缺少可操作性；② 目标过高或过于简单，不具有年龄适宜性；③ 目标单一；④ 目标表述没有层次、前后矛盾、存在语病。

（二）说清楚确定教学重难点的依据

说课时，有的教师只是说出确定的重点、难点内容，对为什么是重点、难点则不予解释或解释不清楚。确定难点后，要说明确定的依据，即对幼儿来说难在哪儿。

第四课 说教学准备

问题情境

某幼儿园进行说课比赛时，教师们对说教学准备提出了一些问题，例如：说教学准备是否就是把教具、学具一一罗列即可？说教学准备在整个说课中处于什么地位？是否简单说一下就行？本课就此问题引领学习者了解教学准备的相关知识，并在此基础上阐述如何说好教学准备。

一 教学准备的基本知识

幼儿的学习离不开教学情境的创设和各种教学活动材料，这是由幼儿思维特点、学习方式决定的。幼儿园教学中，教学材料的设计和使用是提高教学有效性和激发幼儿学习兴趣的重要手段。在中小学说课中，一般会结合教学过程说教具及教学媒体的使用。幼儿园说课则要专门说教学准备。

（一）教学准备的内容

1. 经验准备

经验准备即幼儿对将要进行的学习活动必须先期掌握哪些知识技能，具备哪些能力。教师需要分析并了解幼儿经验准备情况。例如：小班语言活动"猜猜我是谁"，活动目标之一是"安静倾听，熟悉同伴的声音，能猜出同伴是谁"。要顺利开展这个游戏，幼儿应有的经验是：必须了解、熟悉同伴名字。又如,开展探究"雾霾"的科学活动,教师需要了解幼儿对"雾霾"的已有认识是什么。如果幼儿不具备学习新知识、新技能的经验,教师需要采取措施,通过某些途径来丰富幼儿的知识、技能,如通过课前活动、家园共育等途径。

2. 物质准备

物质准备包括布置教学环境和准备活动材料。教学环境包括桌椅的摆放、场景的布置等,活动材料分为教具和学具两类。教具是教学中教师使用的材料,用来讲解、说明、演示教学内容。学具是教学中幼儿使用的各种用具和材料。

（二）教学准备的要求

教学准备是为实现教学目标服务的。无论是教学环境布置还是教学材料,都要考虑其实用性、直观性、操作性和生活性。

二　如何说教学准备

1. 说明教学准备的内容

说清楚为实施本次教学所做的经验准备和材料准备,如准备了什么材料,材料的种类、数量等。

2. 说明准备材料的依据、思路及在教学中发挥的作用

依据教学准备的相关要求,有侧重地说明准备材料的思路。如数学活动"有趣的椭圆形",教师说材料准备时说道:"请幼儿每人带一件椭圆形的东西。"幼儿在搜集材料的过程中,自然获得了对椭圆形的认识。

案例　说教学准备

中班科学活动"沉与浮"说课

在科学活动中,给幼儿投放什么材料很重要,它直接关系到能否构成问题情境的探究点。围绕教学目标,准备了以下材料:鹅卵石、钥匙、回形针、泡沫板、木块和橡皮泥等。这些材料可以帮助幼儿获得"有些东西会沉在水底、有些东西会浮于水面"的认识。橡皮泥这种材料是为幼儿探索改变物体在水中沉浮状态专门投放的。改变橡皮泥形状,橡皮泥就能浮在水面上,使幼儿获得沉与浮是可以改变的认识。在环境布置上,将幼儿分为5人一组,围坐在大的透明塑料盆前,以方便幼儿观察、探索沉浮现象。

上述"说教学准备"的案例不仅说清楚了材料的种类、数量及教学环境布置,并且恰当阐述了投放这些材料的依据。阐述依据时把握住了科学教育材料投放的要求,即材料构成问题情境的探究点。

三 说教学准备应注意的问题

教学准备在整个说课中虽不能用太多时间，但并非说教学准备就不重要，关键是要说得详略得当。以下两点应注意。

（一）重点说明主要材料及投放依据

说教学准备时，一定要避免———罗列材料的说法。如有的教师说："我准备了……，还准备了……，又准备了……"把所有的材料说一遍，给人的感觉像说流水账。教学准备中有主要材料和辅助材料，需要阐述主要材料如何为达成教学目标服务。一些辅助材料如移动黑板、纸、笔之类不用赘述。

（二）巧妙设计说教学准备的方式

如采用课件辅助说课，要充分利用课件的直观性，把教学准备的内容展示出来，课件上出示教具、学具、教学环境布置图片。结合课件重点阐述投放材料的依据即可。如某教师说体育活动"小兔采蘑菇"时，将场地布置图用课件呈现出来，听者一看就非常清楚，说课者不用再介绍。另外，也可以准备好教学中的主要教具、学具，在说的时候演示一下，不仅使说课显得生动活泼，又展示了教师制作玩教具的能力，可谓一举两得。

第五课 说教法与学法

问题情境

在某院校学生说课练习中，同学们对说教法与学法提出了很多问题，例如：有的同学说课时说的是"说教学方法"，有的同学说的是"说教法与学法"。"教学方法包含教法与学法吗？""教法和学法必须分开说吗？"本课就带着上述问题，引领学习者了解教学方法的基本知识，并在此基础上阐述怎样说教法与学法。

一 关于教学方法的基本知识

要说好教法与学法，必须了解教法与学法的基本知识，明确认识，澄清相关概念。

（一）教学方法的内涵

教学方法是教师和学生为了实现共同的教学目标，完成共同的教学任务，在教学过程中运用的方式与手段的总称。它包括了教师的教法、学生的学法、教与学的方法。

（二）教学方法的内在本质特点

（1）教学方法体现了特定的教育和教学的价值观念，它指向实现特定的教学目标要求。

（2）教学方法受到特定的教学内容的制约。

（3）教学方法受到具体的教学组织形式的影响和制约。

（三）中外对教学方法的不同界定

由于时代的不同，社会背景、文化氛围的不同，研究者研究问题的角度和侧面的差异，中外不同时期的教学理论研究者对"教学方法"概念的界说不尽相同。

1. 国外对教学方法的界定

国外学者威斯顿和格兰顿依据教师与学生交流的媒介和手段，把教学方法分为四大类。

（1）教师中心的方法。主要包括讲授、提问、论证等方法。

（2）相互作用的方法。包括讨论、小组设计等方法。

（3）个体化的方法。如程序教学、单元教学等。

（4）实践的方法。包括参观、实验、角色扮演、游戏、练习等方法。

2. 我国对教学方法的界定

我国学者黄甫全教授认为，从具体到抽象，教学方法是由三个层次构成的。

（1）第一层次是原理性教学方法。解决教学规律、教学思想、新教学理论观念与学校教学实践直接的联系问题，是教学意识在教学实践中方法化的结果。例如：启发式、发现式、设计教学法、注入式方法等。

（2）第二层次是技术性教学方法。向上可以接受原理性教学方法的指导，向下可以与不同学科的教学内容相结合构成操作性教学方法，在教学方法体系中发挥着中介性作用。例如：讲授法、谈话法、演示法、参观法、实验法、练习法、讨论法等。

（3）第三层次指操作性教学方法。指学校不同学科教学中具有特殊性的具体方法。例如：语文学科的分散识字法、外语学科的听说法、美术学科中的写生法、音乐学科的视唱法。在幼儿教育中，如社会领域中的价值澄清法、艺术领域中的临摹法、体育活动中的口令法。

（四）教学方法不同界定之间的共性

（1）教学方法要服务于教学目的和教学任务的要求。

（2）教学方法是师生双方共同完成教学活动内容的手段。

（3）教学方法是教学活动中的师生双方行为体系。

二 如何说教法与学法

教法和学法具有辩证统一性。教法和学法是不能分割的，教法中包含着学法，学法里体现着教法，二者共处于教学过程之中。但是，教法与学法又是两个不同的教学主体进行的不同活动，所以它们彼此又具有相对独立性，不可相互代替。教育学告诉我们：教学永远是教与学互相作用的统一活动，其任务在于通过教和学这种相互作用的统一活动，开发教育对象潜能，发展教育对象的身心素质。因此，将教法与学法放在一起说或分开说都行得通。当前幼儿园教学的指导思想是"以学定教"，"教"必须建立在幼儿"学"的基础上。因此，分开说更有利于说课者思考教与学的关系，更重视学法指导。下面，阐述如何说教法和学法。

（一）说教法

说教法是指阐述在教学过程中运用哪些方法，其中贯穿着说理论依据——为什么要这样教。说教法时，需明确教师在教学中的角色。《纲要》指出：教师应成为幼儿学习活动的支持者、引导者和合作者。因此，说教法时，要说明在教学活动中，教师如何组织教学、如何引导幼儿学习、如何参与幼儿的学习；如何最大限度调动幼儿学习的积极性。根据不同领域的教学内容、幼儿年龄特点、教学媒体、教师特长等因素确定主要的教法。简而言之，说教法要说明：选用怎样的方法，选择这种方法的根据，运用此方法应注意哪些问题。

（二）说学法

说学法，即说明在教学活动中幼儿学习知识和技能的方法，主要是解决幼儿学习过程中"怎样学"的问题。为了说好学法，首先要深入研究幼儿，了解幼儿的年龄特征和发展特点，理解幼儿的学习方式；其次，要说清楚指导幼儿学会什么学习方法，培养幼儿哪种能力，如何使幼儿真正成为学习的主体；最后，还要注意对某种方法指导过程的阐述，如教师通过怎样的情境设计，幼儿在什么样的活动中，形成哪些良好学习品质，即让幼儿"会学""乐学"。

案例1　说教法与学法

小·班数学活动"4以内数数"说课

1. 说教法

结合本次教学活动内容，根据小班幼儿年龄特点，拟运用以下教法。

（1）情境教学法

"过生日"是小班幼儿熟悉而且很感兴趣的事情，能激发幼儿的学习兴趣。因此，在教学中创设"小兔子过生日"的情境。随着动物朋友给小兔送生日礼物、小朋友给小兔送生日礼物、为小兔子唱生日歌等情境的出现，让幼儿点数生日礼物的数量。

（2）演示讲解法

演示讲解法直观、形象，能帮助幼儿理解相关数学知识。本次活动采用多媒体教学手段，利用课件播放朋友们送的各种物品数量，让幼儿点数物品。

2. 说学法

幼儿是学习的主体,我让幼儿在"做中学""玩中学"。运用以下方法支持幼儿学习。

（1）操作法

操作是幼儿学习数学的主要方法,在教学中,给幼儿提供塑料小水果,让幼儿数一数,说出总数。

（2）游戏法

在教学中,以给小兔过生日的游戏情境贯穿始终。设置让幼儿给小兔送礼物的游戏情节及唱生日歌的场景。例如,让幼儿边送边说"小兔,我送你4颗草莓,祝你生日快乐",来激发幼儿的学习兴趣。

上述案例中的说"教法与学法",是将教法与学法分开来说。在说课实践中,也可以将教法与学法统一在一起说。

案例2　说教学方法

大班社会活动"接打电话有礼貌"说课

本次教学,我拟采用以下教学方法。

1. 演示法

教学中出示打电话的情境图片及演示打电话的情境,使幼儿直接看到接打电话的情形及礼貌用语,激发幼儿的学习兴趣,培养幼儿接打电话的文明行为意识。

2. 讨论法

讨论法是充分调动幼儿积极思维的好方法。在教学中,提出问题"怎样做到有礼貌地接打电话?"引发幼儿讨论,自由发表自己的意见。通过讨论让幼儿了解和学习正确的社会行为规范。

3. 行为练习法

幼儿良好的行为习惯需要反复练习。教学中通过玩"打电话"的游戏,让幼儿自主自觉地学习接打电话的礼仪。既巩固和丰富了幼儿接打电话的知识与经验,也充分地调动幼儿表现自我、大胆交流的积极性。

上述案例将教法和学法放在一起来说。教与学的本质含义决定了教法和学法有着密不可分的关系,教为学服务,教法由学法决定。教法与学法有时候是统一的。因此,只要充分认识到教与学的辩证关系,教法与学法分开说或统一在一起说,取决于教师的判断和处理。

三 说教法与学法应注意的问题

（一）以启发式教学为指导思想

任何教学方法的运用，都要使幼儿在积极的思维活动中学习，没有这样的指导思想，即使采用了操作、实验等方法，也可能会变为教师控制下的被动操作。

（二）对教法与学法阐述要严谨

有的教师说教学方法时，出现自编教学方法术语和随意解释概念的情况。例如，有的教师说运用了"讨论谈话法""猜测讨论法"，讨论法、谈话法是两种方法，说课者随意把二者编在一起，"猜测讨论法"则是教师自编的术语；又如，有的教师说运用了"布置场景法"，正确的应是"情境教学法"，布置场景是情境教学法的具体做法；还有的教师说运用了"师幼互动法""激励法"，师幼互动、激励不是教学方法的范畴。对于上述问题务必避免。所说教育教学方法应是公认的，在学前教育学、领域教法理论中所讲的方法。

（三）说教法与学法不必面面俱到

说教法和学法时，要阐述本次教学主要采用的方法，一些辅助方法点到即可。说课时，需分清主次，先说本领域最基本的方法。例如，说数学活动时，操作法是基本方法，因此可以先说并详细说。

资源链接

幼儿园教育活动常用方法从大的方面来分，包括语言类方法、直观类方法、实践类方法、游戏类方法。有的方法是各领域活动都较常用的方法，也有的方法是某个领域的特殊方法。

1. 健康教育活动常用方法

示范法、讲解法、练习法（完整练习、分解练习）、游戏法、比赛法。

2. 语言教育活动常用方法

讲述法、示范法、讲解法、谈话法、练习法、游戏法、表演法以及视、听、讲、做结合法。

3. 社会教育活动常用方法

讲解法、讨论法、谈话法、参观法、行为练习法、榜样示范法、角色扮演法、移情训练法、陶冶法。

4. 科学教育活动常用方法

观察法、实验法、游戏法、操作法、引导发现法、比较法、演示法、讨论法。

5. 艺术教育活动常用方法

讲解法、示范法、范例法、练习法、整体感知法、多感官通道参与法、临摹法。

第六课　说教学过程设计

问题情境

在幼师生说课练习中,同学们对说教学过程产生了一些疑问。例如:说教学过程是否就是把教学过程的环节和教学步骤阐述出来即可? 说教学过程是否需要把教师提问、预测的师幼互动情景也说出来? 活动延伸是教学过程的一部分吗? 必须说活动延伸吗? 本课就此问题引领学习者了解教学过程设计的基本知识,并在此基础上阐述怎样说教学过程。

一　教学过程设计的基本知识

(一)什么是教学过程设计

教学过程设计是教师为达成活动目标对教学活动内容呈现、教学方法运用所设定的步骤和顺序,是对相互关联的一系列教与学的活动的具体安排。教学过程展现的是一次教学活动的基本框架结构,是教师对教学活动如何有序开展的思考,其中蕴含了教师基本的教学观和儿童观。

(二)幼儿园教学活动过程的基本环节及设计

幼儿园教学活动过程包括开始部分、基本部分和结束部分三大环节。

1. 开始部分

活动开始部分的目的是激发幼儿学习兴趣、集中幼儿注意力,是教师根据教学内容、幼儿年龄特点设计恰当的导入方式。常用的方式如下:直接导入,教师用简明的语言直接告诉幼儿活动的内容,使幼儿马上明确活动任务;问题导入,设计与教学相关的问题,引起幼儿的好奇心和学习愿望;前经验导入,根据幼儿前期的经验来发起活动;文艺作品导入,利用故事、谜语、儿歌等;游戏导入,通过手指游戏、口头对答游戏等集中幼儿注意力,引起兴趣;教具导入,出示材料、实物、玩具等引起幼儿的学习兴趣。导入部分一般时长为3～5分钟,要求紧扣教学内容。

2. 基本部分

活动基本部分由设计合理的若干教学步骤组成。五大领域教学活动类型基本部分设计思路虽不相同,但总体要求一致。要求每个环节围绕目标设计;处理好环节的详略,如重点环节是什么;厘清层层深入的脉络。设计时要考虑教学步骤之间的关系和顺序,要符合认识事物的规律,即由易到难,由简到繁,由具体到抽象,由感性到理性。认知发展过程是一系列有序发展的过程,如提取原有经验、感知新的信息、吸纳新信息。一个好的教学过程应有一个最佳结构。

如某教师设计的大班体育活动"投得准"的教学环节是：第一步，自由投掷（幼儿掌握投掷的方法和动作要领）；第二步，固定靶子投准（幼儿扮演孙悟空投掷画在墙上的妖怪脸谱）；第三步，移动靶子投准（每个幼儿背上小背篓，跑动中把沙包投在其他幼儿背篓里）。这三个教学环节的投掷难度逐渐增加，层层递进，是一个好的教学过程结构。

3. 结束部分

活动结束部分的目的是对教学活动进行总结、提升，激发幼儿继续探索的兴趣。教师应采用适当的方式结束活动，常用的结束方式如自然结束法（直接告诉幼儿活动结束了，带领幼儿收拾整理物品）、总结评价法（教师对本次活动的关键或核心问题进行精辟的总结或概述，或对幼儿的学习品质进行评讲，提升幼儿认知水平和良好的学习品质）、后续延伸法（根据本次活动的重点设置相关问题，为后续活动做铺垫）。

（三）关于活动延伸

活动延伸不属于教学过程结构的一部分。活动延伸是教师为本次教学活动设计的与教学内容相关的后续活动。活动延伸体现了幼儿园教育整合性的特点。在幼儿园教育中，应使幼儿在一段时间内获得的经验得到整合。因此，活动延伸不是可有可无，也不是形式化。教师应设计切实可行的活动延伸方式及内容。活动延伸的途径主要有三种：一是家园共育，二是区角渗透，三是延伸到日常生活、游戏及其他领域活动中。在说课中，活动延伸放在教学过程之后说。注意不要和活动结束部分混淆。说活动延伸时要说清楚活动延伸的方式，活动延伸与活动目标达成及幼儿的适应性关系。

二 如何说教学过程设计

说教学过程设计是说课的中心内容，说清楚教学过程是说好课的关键。教学过程是教师的教学观念、思想方法、策略和技术在教学活动中的具体体现。教学过程设计的思路关注的是教学活动中教与学活动的结构，以及为目标达成所采用的方法手段和措施。教学过程设计要求以目标为主线，结构合理，重视教师主导和幼儿主体作用的发挥，要展现教师如何引发幼儿学习兴趣、如何展开教学内容、如何安排教学程序。说教学过程设计一般要说明以下内容。

（一）说教学的整体思路和环节

说清楚设计的教学过程基本环节。即如何导入教学，基本部分教学如何展开，如何结束活动。

（二）说教法处理以及和幼儿之间的联系

说清楚为达到教学目标，运用了哪些教学手段，如何安排师幼互动过程，以及这样安排的目的和达到的效果。

（三）说教学环节及每个教学步骤的设想、安排以及依据和预期效果

说清楚有几个教学环节，每个教学环节下的具体教学步骤怎样实施，教学步骤之间的关

系,要达到什么效果。

（四）说重点与难点的处理

说清楚在教学过程中,怎样突出重点和解决难点,解决难点运用什么方法等。

案例 说教学过程

大班数学活动"我会分图形"说课

围绕活动目标,我设计了三个环节进行教学。

第一环节:创设问题情境,导入活动(2分钟)

教学开始,给幼儿讲一个非常简短的故事。"小熊哥俩最爱吃香喷喷的饼,有一天,妈妈烙的饼只剩下一个了。一个饼,两只小熊怎么吃呢?熊哥哥说:'咱们分了吃。'熊弟弟说:'对,分了吃,但要分得大小一样。'熊哥哥说:'那怎样才能分得一样大呢?请小朋友帮帮忙吧。'"

设计此环节的目的在于由故事引出要解决的问题,使幼儿的思维处于活跃状态,集中注意力,激发学习兴趣。

第二环节:操作探索——等分图形(25分钟)

这一环节是教学重点,运用的教学方法是操作法。我设计了三个教学步骤。

步骤1:等分圆形和其他图形(14分钟)

这一教学步骤,我顺接导入部分小熊分圆饼问题让幼儿先把圆形二等分。等分圆形简单,只有一种分法。然后让幼儿等分复杂一些的图形,如长方形就有三种分法。先请幼儿等分圆形,幼儿操作后,提问:你是怎样分的?怎样证明你分的两份一样大?启发幼儿想出方法验证。如剪开、叠放比较的方法。然后提出新的操作任务,等分其他图形。幼儿操作时,我认真观察他们的操作情况,提醒幼儿比较分后的两份图形是否一样大,使幼儿体验等量关系。

设计这一步骤的目的是使幼儿广泛获得等分图形的操作体验,为下面建构二等分概念做好铺垫。

步骤2:表达、交流操作结果——建构二等分概念(6分钟)

《纲要》科学领域内容与要求指出:"通过幼儿积极参加小组讨论、探索等方式,培养幼儿合作学习的意识和能力,学习用多种方式表现、交流、分享探索的过程和结果。"因此,在这一步骤,我先让幼儿在小组内说一说自己的分法,让幼儿在与同伴的交流中获得启发，相互学习。接下来，组织集体交流。依次提出问题："你是怎样把三角形分成一样大小的两份？""分成的两份是否一样大？""三角形有几种分法？"根据幼儿讲述，用课件演示三角形的几种分法，使幼儿获得完整印象。交流等分椭圆形、长方形的方法，和上述过程一样。在幼儿表达基础上，教师总结：把图形分成一样大小的两份，叫二等分。

步骤3：观察比较——理解整体与部分的关系（5分钟）

在幼儿建构了二等分的概念后。需要幼儿体验等分中整体与部分的关系，理解部分小于整体、整体大于部分这个包含关系是教学难点。解决难点我采用了两种方式：一是先让幼儿比一比、说一说；二是利用课件演示分和比较的动态过程，提问分出来的一份是原来的多少（回答：一半）。在直观演示中使幼儿获得清晰认识，突破难点。至此，教学目标已经达成。

第三环节：玩拼图游戏——结束活动（5分钟）

在活动结束部分，我运用了游戏法。让幼儿利用手边的几何图形，在桌面上自由拼摆形象，在轻松愉快的操作中结束活动。

设计这一环节的目的是：考虑到幼儿手中有一些图形，可以加以利用。另外，幼儿在拼摆图形过程中自然也获得了对图形分合关系的体验。

活动延伸如下：

数学教育的目的是实现为发展思维而教、为实际应用而教。因此，我设计了这样的活动延伸：在日常生活中，让幼儿尝试运用二等分的方法解决问题。例如：面包怎样二等分，四块糖两人吃，怎样分？使幼儿感受数学在生活中的运用。

评 析

上述案例所说教学过程结构完整，层次清晰。说课者阐述了教学活动如何开始，怎样进行，如何结束，并且说明了设计依据。在说教学过程的第二环节，设计了三个教学步骤。三个教学步骤可以概括为"操作探索等分方法——表达交流建构二等分概念——体验等分中整体与部分关系"。三个步骤由易到难，层层递进，从操作体验到建构抽象二等分的概念，又通过观察、比较等方法让幼儿体验整体与部分的关系。教学思路清晰，三个步骤设计合理，构成最佳教学程序。说课时阐述了三个教学步骤各自发挥的作用及之间的联系，每步骤采用的教学方法及教与学的策略，说清楚了怎样突破难点。所说活动延伸切实可行，贯彻了培养幼儿应用数学的意识和能力的数学教育理念。

三 说教学过程设计应注意的问题

（一）重视说教学过程设计的理论依据

说课与实际教学并不是机械的对等关系。说教学过程设计除了要说明教学中所能表现出来的"教什么""怎样教"外，还要体现出为什么这样教的构思过程，这是说教学过程的重点所在。有的教师将重点放在对"教什么""怎样教"的阐述上，忽视了对"为什么这样教"的理论阐述，简单认为说教学程序就是对教学过程环节的简述，缺乏应有的理论分析。要改变这种状况，必须牢记说课的"说理性"这一本质特征。说教学过程设计，除了说清楚程序自身，还要说明程序设计的理论依据。从这个意义来说，"说理"在教学程序中应是主要的，而对教学程序自身的说明则是次要的，它只是"依据"的具体体现形式，是科学的教育理论付诸教学活动的载体。所以，应认清说课的基本特征，即说"为什么这样教"。

（二）说教学过程要详略得当，重点突出

说教学过程不能平铺直叙，要注意把握内容的主次。应从自己的教学思想出发，从宏观上审视和把握所设计的程序，将无关紧要的程式性的东西，特别是一些过细的具体内容，大胆地删缩，以达到突出重点、全面兼顾的目的。有的教师说教学过程时，缺乏对教学环节的提炼和概括，往往陷入对具体活动做法的描述上，使整个说课拖沓而琐碎，没有清晰的线索。

（三）说教学过程要具有系统性

教学过程是教师围绕教学目标，依据教学内容特点，采用一定教学方法和进行一定的学法指导，教师和幼儿共同活动的有序过程。它是前三个内容综合而有机的体现和综合运用，不是简单的并列关系和机械的混合体。有的教师说教学过程时，对过程的具体内容说得多，而对过程的程序构建、步骤安排的序考虑得少。对"序"的科学性、实效性的钻研和探究很不够。"序"的安排不是可有可无、可此可彼的，好的教学过程必须有一个最佳的组合结构。所以，说好教学过程，要把内容有机融入，将教学过程与教学内容、目标、重难点之间的对应关系和教法的具体实施、学法指导的具体方法等有关内容交代清楚。

（四）说教学过程要避免理论牵强附会

教学过程的设计，应遵循一定的教学思想和教育理论。在说课实践中，有的教师往往先设计好教学环节，再找理论依据，类似给教案穿靴戴帽，使理论和内容设计"两张皮"。还有一种情况，有的教师空说理论，所说理论大而空洞，如满篇是"某某教育家说""根据建构主义理论、生态学理论"之类的话，这些理论对教学过程设计起不到应有的指导作用。出现这种情况的原因主要是教师在理论学习方面存在不足，不能理论联系实际。说课的目的就是推动教师学习教育教学理论，掌握教育规律。因此，在说课中要加强理论学习，这样才能体现说课的真正意义。

🎓 **资源链接**

幼儿园教学活动过程设计参考思路

1. 逻辑归纳型过程设计

例如：社会活动"我长大了"

导入活动

环节1：我的身体长大了

环节2：我的能力增强了

环节3：我比以前懂事了

结束小结：我长大了

2. 逻辑演绎型过程设计

例如：语言活动"伞"（儿歌仿编）

环节1：复习儿歌

环节2：分析儿歌结构

环节3：仿编练习1、2、3

环节4：展示与小结

3. 示范练习型过程设计

例如：体育活动"学习正面钻"

环节1：导入

环节2：热身

环节3：教师示范（整体示范，分步示范）

环节4：幼儿模仿练习，教师指导

环节5：游戏练习

整理结束

4. 探索发现型过程设计

例如：科学活动"什么东西能吸水"

环节1：魔术导入

环节2：引导发现

环节3：尝试探索

环节4：交流讨论，小结

环节5：发散迁移

5. 操作练习型过程设计

例如：数学活动"猜图形"

环节1：出示图形，导入活动

环节2：复习图形特征

环节3：玩猜图形游戏

环节4：总结图形间的联系与猜图形的策略

第七课　说好课的必要准备

问题情境

职前职后幼儿教师说课中，出现了这样一些问题。例如：教师对所说课的认识不够深入；准备说课时，往往直接搜集一篇说课稿就练习述说；所说内容出现很多错误；等等。如何准备说课，怎样提高说课质量？本课就此问题引领学习者进行学习。

一　说课准备程序

一般来说，说课准备程序包括以下三个阶段。

（1）确定说课内容，设计教案。

（2）深入备课，撰写说课稿。

（3）练习述说。

二　说课准备要求

（一）保证设计教案的科学性

首先，教师要选择领域中比较有代表性的内容，然后进行教案设计。因为教案内容与说课内容有重合部分，如目标、内容、重点、难点、教学过程的主要环节。如果教案本身就存在很多问题，在说课时这些问题仍会出现。例如，某教师撰写的教案中教学目标制定不正确，把语言活动目标定为"培养幼儿的动手能力"，目标阐述主体也不一致。那么，说课时说的目标仍是错误的。因此，要把好教案关，保证教案在目标、内容、教学方法、过程设计方面的科学性。

（二）深入备课并撰写说课稿

教师要认真研究和分析教案，在深入备课的基础上根据说课内容要求撰写说课稿。说课稿是以教案为基础进行的再加工，是将深入备课的思维过程撰写下来的成果。例如，在撰写过程中需不断追问自己，而且要做出解释。如设计教学的理念是什么？为什么选这个内容？有什么价值？为什么设计这样的导入方式，要达到什么目的？为什么要采取这样的教学方法等。这期间，需要查阅相关教育教学理论资料，使所说理论具有一定高度且正确无误。这个过程是艰苦的脑力劳动过程。在准备说课的过程中，有的教师跳过备课这一步骤，在不熟悉教学内容的情况下背说课稿，这是错误的做法。

撰写完说课稿后，一是要对说课稿整体结构进行优化，力争做到结构合理，详略得当，层次清晰；二是对语言文字进行推敲，要求言简意赅，文辞准确，语言针对性强。说课稿文风要实，避免空洞的理论和华丽的辞藻堆积。

（三）熟练述说是说课的最终目的

述说即通过大脑思维加工，运用口头语言把说课信息传递给听评者。基于说课稿，对其内容融会贯通，内化于心，达到熟练自如的程度。述说语言要注意以下三点。

1. 突出"说"字

说课强调的就是"说"，切忌念或者背稿子。转化成口头语言，转化为自己的语言述说。

2. 适当运用模拟教学语言

说课语言大部分是独白语言。为使语言有所变化，应适时穿插模拟教学语言。如某教师这样说："我准备以提问的方式导入活动，教学一开始，提出问题：'小朋友，如果我手里拿着手帕，一松手，手帕会怎样？你们平时见到过什么东西下落？它下落时是什么样子的？'"教师的提问采取的模拟教学语言，给人以活泼的感觉。模拟教学语言不可多，穿插几句即可，否则会使说课演变为上课。

3. 语言富有感染力和说服力

说课语言要感染听者。例如，同样说教学目标，某教师说："我一共设计了三条教学目标，第一是……第二是……第三是……"显得非常死板。另一位教师说的是："通过这次教学，我希望达成的目标是……"语言很有感染力。另外，说课中的转折语、过渡语要富于变化，不能一直用"接下来，我说一说教学重点，接下来我说一说教学方法……，接下来，说一说活动过程……"来承上启下。

第八课　说课中多媒体课件的制作与运用

多媒体课件是指基于计算机技术，将图、文、声、像等媒体素材有机结合起来完成特定教学任务的教学课件。应用多媒体手段辅助说课，能把抽象内容具体化、复杂过程简单化、枯燥内容形象化、隐形内容显形化，对提高信息传送量，化解教学难点，优化说课效果起到很好的作用。

一　课件制作的原则

（一）教育性原则

（1）教学目标明确，教学重点突出，通过多媒体手段，应有助于突破教学重点、难点。

（2）体现多媒体教学的辅助性、形象性、启发性。

（3）表现形式合理、新颖，符合幼儿认知规律。

（4）适应说课需要，效果突出，有效补充传统教学手段之不足，充分体现多媒体教学的优势。

（二）科学性原则

（1）内容正确，逻辑严谨，层次清晰，内容无政治性、科学性错误。

（2）场景设置、素材选取、术语应用、操作示范等符合相关标准。

（3）模拟仿真符合教学规律，各种教学媒体能为学生理解教学内容、完成教学目标服务。

（4）展示时机恰当，展示时间适中。

（三）技术性原则

（1）操作方便灵活；没有导航、链接错误；具有良好的稳定性与安全性。

（2）能根据需要选用适当的技术手段，效果良好。

（3）充分利用视频、音频、动画等多媒体技术，并具有相应的控制技术。

（4）结构完整、规范、合理。

（四）艺术性原则

（1）页面布局合理，整体风格统一，色彩搭配协调，符合视觉心理。

（2）文字、图片、音频、视频、动画等素材处理恰当，符合主题。

（3）制作精细，具有较强的吸引力、感染力。

二　科学认识课件辅助说课

说课课件能使说课内容更加丰富，形式更加多样，便于直观地展示教师的教育理念、教学设计、教材把握和操作技术，有效提高说课质量。说课课件除了遵循课件制作的普遍原则外，还应该认识到以下两点。

（一）明确说课课件的制作目的

说课课件应体现教学基本理论、教材分析、教学设计、学习指导、多媒体制作技术五个方面的基本内容。

（1）要体现如何运用教育学、心理学以及教育技术学的相关理论进行教学。

（2）能明确阐述教学设计中的内容、程序、方法、模式以及教师如何艺术地运用多媒体技术手段进行教学。

（3）教师的教法和学生的学法如何贯穿于教学过程，学习指导中如何发挥学生的主体性。

（4）教学如何解决教学重点、难点。

（5）从课件的技术性出发，对文字、图片、影像和寓意信息的处理是否得当、确切等。

（二）明确说课课件的认识误区

1. 教学课件充当说课课件

应该避免说课课件教学化。教学课件的对象是学生，重视教学过程中师生的双向交流，目的在于讲授专业知识。说课课件的对象是同行及专家，重视教学设计思想的单向输出，目的在于阐明说课者是如何界定教学目标、组织教学材料、选择教学方法以及如何在课堂教学运用媒体解决教学中的重点、难点问题等。因此，为课堂教学设计的教学课件是不能作为说课课件使用的。说课课件应该围绕说课稿来设计制作，而不是简单地将教学课件拿来就用。

2. 将说课课件当成读报板

一些教师习惯把要解说的内容全部复制到说课课件上，这样虽然有利于清楚明白地呈现说课者的理念和意图，却容易产生依赖性，就像在课堂上复述教案一样，给人照本宣科、死板教条的感觉，课件的可欣赏性也会大打折扣。制作说课课件，要从有利于说课者演说和展示、有利于评委观摩和评议、有利于双方信息沟通的角度出发，重点展示体现教师说课意图的文字、图片、图像等信息，用比较醒目的形式，如变换的色彩、柔和的动画等，加强重点信息对评委的多重刺激，让他们能充分理解说课者的教学观念、教学意图。

3. 装饰背景画蛇添足

一些教师喜欢在课件上增加一些装饰，如剪切画或小动画，起到美化页面的效果。这本无可厚非，但是装饰背景的选择应和说课主题相关，如果只是为了课件的生动添加一些无关动画，可能会产生画蛇添足的负面效果。

4. 课件动作设计烦琐

在课件制作中，一些教师习惯利用动作设计按钮或超链接完成一些操作切换。在教学中，这种方法很适用，但是在说课中动作设计烦琐，或按键过多，会影响教师在说课现场的流畅表达。

5. 素材软件兼容性差

有些教师在制作课件的过程中选择一些兼容性差的软件处理图像、动画或视频，结果导致软件和说课使用软件不兼容，影响说课课件的使用，且在操作过程中容易出现失误，所以应尽量选用大众化的、兼容性好的软件。

三　说课课件制作小技巧

制作教学课件的软件均适合制作说课课件，比如 PowerPoint、Authorware、Flash、方正奥思等。PowerPoint 演示文稿制作软件操作简便，图文并茂，是广大教师的首选。说课课件的制作首先要遵循多媒体课件制作的基本原则，在基本原则的指导下，运用一定技巧，就可以制作出较为优秀的说课课件。

（一）文本处理

文字内容要简洁、突出重点，以提纲式为主。尽量减少文字显示数量，不要

课件欣赏

我是中国娃

米宝宝去旅行

把课件制作得太满,底部应留白。过多的文字阅读容易产生疲劳。标题文字应与内容文字在字号、颜色等方面有所区别。同一级别标题的字体、颜色、字号应该保持一致。在同一课件中使用的字体最好不要超过三种。文字颜色应与背景形成对比,要求文字醒目、画面和谐。一般文字应选用暖色调或亮度高的颜色,背景选用冷色调或亮度较低的颜色。为提高演示效果,文字显示可适当采用自定义动画的效果,将说课内容逐步引入。

（二）图片处理

选择合适的图片非常重要,这个"合适"绝不是指越美越好,越大越好,关键要看图片在课件中所处的位置和发挥的作用。图片应该清晰,大小要适当,尽量使用JPEG和TIF格式,尺寸一般不超过800×600像素。图片的位置、大小、颜色等都需要紧紧围绕说课内容。画面布局尽量遵循"黄金分割",也叫"三分法则",即将重点展示的图形放在画面大约三分之一处,让人觉得画面既和谐又充满美感。课件中图片的处理原则包括以下三点。

多变的触觉

（1）能用大图,不用小图。大图是指像素高的图片,一方面,大图更为清晰,可以根据自己的需要随意进行剪切而不影响图片的质量。另一方面,全屏使用的大图,作为文字内容的背景,往往要比配小图更显得大气、有质感和美观。如果为了调节课件页面的平衡感和节奏,选择小图不如采用色块、线条的方式装饰文字。

（2）选择图片要有整体性,与课件风格、色系相配。所谓的整体性,并不是要求所有的图片必须是一个系列,或者一个主题,而是要求图片应该有前后呼应的效果,不要因为喜欢就生硬插入某张图片,让人产生突兀之感。如果有很好的创意,可以在色调、图片剪切上,对图片进行统一处理,使课件整体更为协调。

比厚薄

（3）采用图片要时刻关注使用目的,切勿喧宾夺主。对于课件而言,美观绝不是第一要考虑的要素,重点是考虑课件要达到什么目的。图文混排时,尽量突出文字,否则就有哗众取宠之嫌。

（三）音频处理

在课件中恰当地使用音乐和音响效果,可以烘托气氛、渲染情绪、激发联想,更好地表达说课内容。课件中的音响和音乐应该相互补充、相互联系、相互配合,音响表实、音乐表意,共同为说课服务。舒缓的背景音乐,可以调节说课的紧张气氛,有利于引发思考。在说课中,重点处应选择舒缓、节奏较慢的音乐,过渡性内容选择轻快的音乐,在演示时设定播放开关按钮或菜单,便于教师控制。

（四）动画处理

1. 预设动画

在幻灯片视图下,单击幻灯片中要设置动画效果的对象。单击"幻灯片放映"菜单中的"预设动画"命令,查看子菜单,选择一种动画效果。若要修改动画效果,则选中该对象,重新选择动画效果。如果要取消该对象的动画效果，单击"预设动画"子菜单中的"关闭"按钮即可。

2. 自定义动画

在幻灯片视图下，单击幻灯片中需设置动画效果的对象。单击"幻灯片放映"菜单中的"自定义动画"命令，选择合适的动画效果。单击"预览"查看动画效果，满意后单击"确定"，完成设置。一般我们常用百叶窗、擦除、切入、收缩、展开等少数几种动画效果。螺旋效果用以引入新的主题或解决方案；回旋效果用以添加悬疑或探索奇怪的问题；从屏幕中心放大效果用以揭示谜底；缩小效果用以强调观点；使用切入效果可以进行数据比较；如果是重点突出的文字，可以采用闪烁的效果；如果想控制文字出现的节奏，可设定"按字母"方式擦除等效果。

（五）幻灯片切换

选中需要设置的幻灯片，单击"幻灯片放映"菜单中的"幻灯片切换"命令。在"幻灯片切换"对话框中查看"单击鼠标"时课件页切换效果，如速度、声音、换片方式，满意后单击"应用"。切换时既要富于变化，又要减少观看者的视觉疲劳。应该谨慎使用幻灯片切换时的声音，幻灯片切换时加入的声音主要是要告诉观看者幻灯片已经切换；在重要的概念处加入不同的声音，强调这里很重要。在播放时应控制音量的大小，避免分散注意力。

如果两页之间的内容有演变关系，就采用"溶解"方式，播完第一张后，第二张渐渐出来；如果是很长的流程图，采用"向左插入"，画面连贯、流畅；在展示不重要的照片时，可以用从对角线方向"抽出"方式；如果两页内容相差不太大，标题一致，只是正文内容有些变化的，最好不要在两页之间加幻灯片切换。

（六）超链接

1. 动作按钮链接的修改

对于动作按钮链接，可以自制一些有特色的按钮代替，也可以到网上搜索，如动画格式的图片按钮，效果就不错，但不可用太多，容易分散学生注意力。

2. 图形对象链接的修改

对于图形对象链接，可以自制一些图形对象代替，也可以到网上搜索。

3. 文本的超链接

文本设置超链接时，建议先给文本设置边框，不要设置文本的动作，而是设置文本所在边框的动作。这样，既可以避免使文本带有下划线，又可以使文本的颜色不受母版影响。操作步骤为选中边框，单击右键，选取"动作设置"项，链接到所要跳转的页面。

总之，说课课件的制作既要遵循多媒体课件制作的普遍原则，又要紧紧围绕说课稿，体现说课的目的，需要在说课中不断地学习、总结。优秀的说课课件应融教育性、科学性、艺术性、技术性于一体，最大限度地发挥说课者的潜能，将说课意图、教学理念、教学设计、教学方法运用等教学过程关键要素集中体现。

？岗课赛证

1. 教材和教学内容有什么区别和联系?

2. 说课中说学情主要包括哪些内容?

3. 说课中说教学过程设计应注意哪些问题?

4. 简述说课的准备程序。

5. 制作一个说课课件在小组内展示并相互评价。

6. 撰写一篇说课稿并说课。

7. 说课练习课题:健康领域。

（1）体育锻炼是学前儿童健康教育的内容之一。《指南》中要求小班幼儿达到"能单手投掷沙包2米左右"的目标。请依据该目标进行体育活动的设计并说课。年龄班定在小班,具体活动名称请自己拟定。

（2）健康活动"保护鼻子"。

身体保健是学前儿童健康教育的内容之一,请以"保护鼻子"为题进行说课,年龄班定在中班。

（3）健康活动"不给陌生人开门"。

具备基本的安全知识和自我保护能力是健康领域的目标之一。《指南》中要求大班幼儿"未经大人允许不给陌生人开门"。请以"不给陌生人开门"为题进行说课,年龄班定在大班。教育幼儿认识到给陌生人开门存在危险,知道陌生人敲门时的应对方法。

（4）健康活动"独自睡觉好"。

生活自理能力培养是学前儿童健康教育内容之一,请以"独自睡觉好"为题进行说课,年龄班定在大班。

（5）健康活动"天黑我不怕"。

幼儿身体健康和心理健康密切相连。心理健康教育是幼儿园健康教育内容的一部分。请以"天黑我不怕"为题进行说课,年龄班定在大班。

8. 说课练习课题:语言领域。

（1）语言活动"小猪变干净了"（故事）。

阅读下面故事,设计"小猪变干净了"的说课内容,年龄班为小班。

附故事:小猪变干净了

有一只小猪,长着圆圆的脑袋,大大的耳朵,小小的眼睛,翘翘的鼻子,胖乎乎的身体,真有趣! 可就是不爱清洁。常常到垃圾堆旁找东西吃,吃饱了就在泥坑里滚来滚去,滚得浑身都是泥浆。

小猪想去找朋友。它一边走,一边"哼哼哼,哼哼哼"地叫着。

小猪走着走着,看见前面有只小白兔,他说:"小兔,我和你一块儿玩好吗?"小白兔回头一看,原来是小猪,就说:"哟! 是小猪,看你多脏啊! 快去洗洗吧,洗干净了我再和你玩。"

小猪不愿意洗澡，只好走开了。它走着，走着，走到草地上，碰到一只小白鹅。小白鹅，真美丽，红红的帽子，白白的羽毛。小猪高兴地说："小白鹅，我和你一块儿玩好吗？"小白鹅说："哟！是小猪，看你多脏啊！快去洗洗吧，洗干净了我再和你玩。"小猪看了看自己的身上，可不，满身是泥浆，泥水还在"滴答、滴答"地往下滴呢！小白鹅又说："走，我带你到河边去洗个澡吧！"小猪跟着小白鹅来到小河边，小白鹅"扑通"跳进河里，用清清的水泼呀泼，泼在小猪的脸上、身上。小猪用清清的水洗呀洗，洗得干干净净的。

小白鹅高兴地说："小猪变干净了，我们一起玩吧！"小白兔看见小猪变干净了，也走来跟它玩了。小猪跟朋友们玩得可高兴啦！

（2）语言活动"我喜欢的动画片——喜羊羊与灰太狼"（谈话）。

谈话活动是幼儿园语言活动的一种类型，请你以"我喜欢的动画片——喜羊羊与灰太狼"为题设计说课，年龄班定在大班。

（3）语言活动"小猴卖'O'"（故事）。

阅读下面故事，设计"小猴卖'O'"的说课内容，年龄班为中班。

附故事：小猴卖"O"

小猴是百货商店售货员，它很会动脑筋。

一天，店里来了五个小伙伴，每人手里拿着一张纸片，每张纸片上画着一个"O"（念圆圈）。咦，这个"O"是什么意思呢？小猴摸摸脑袋想办法：有了，我要问清楚这个"O"的用处。

小猴问小鸭："你买这个圆圈去干什么呀？"小鸭说："我要学游泳。"小猴明白了。给了小鸭一个大"O"。小鸭付了钱，高兴地走了。小猴问小猫："你为什么买圆圈？"小猫说："我想用它照着洗脸、梳头。"小猴拿出一个"O"给小猫。小猫看看，付了钱，满意地笑了。小猴问小狗："你为什么买圆圈？"小狗举起手中的铁钩子说："我要和小熊一起玩。"小猴很快把一个"O"卖给了小狗。小猴问小老虎："你为什么买圆圈？"小老虎说："瞧我脚上的新球鞋，今天我们有一场比赛。"小猴马上拿出一个"O"卖给了小老虎。最后轮到小兔。小兔说："妈妈今天要出门去，要我买些圆圈当早点。"小猴拿出一个食品袋，装了几块"O"卖给小兔，小兔一蹦一跳地回家了。

五个小伙伴都买到了自己需要的"O"，你知道他们的"O"都是什么东西吗？

（4）语言活动"落叶"（散文诗欣赏）。

《指南》语言领域目标提出让幼儿"具有初步的阅读理解能力"，要求幼儿"能初步感受文学语言的美"，请你设计"落叶"的说课内容，年龄班为大班。

附散文诗：落叶

秋风起了，天气凉了，一片片树叶从树上飘落下来。树叶落在地上，小虫爬过来，躺在里面，把它当作屋子。树叶落在沟里，蚂蚁爬过来，坐在上面，把它当作小船。树叶落在河里，小鱼游过来，藏在底下，把它当作小伞。树叶落在地上，小虫爬过来，躺在里面，把它当作屋子。树叶落在院子里，燕子看见了说："来信了，催我们到南方去了。"

（5）语言活动"大老虎来了"（续编故事）。

续编故事是语言领域讲述活动的一种类型,给幼儿提供一段故事情节,让幼儿编结尾或中间情节。引导幼儿大胆想象、创编并讲述,从而发展幼儿的语言能力。请你进行"大老虎来了"的说课设计,年龄班为大班。

附故事:《老虎来了》的开始部分

茂密的森林里,住着许多小动物。一天清晨,红彤彤的太阳升起来了。小公鸡张大嘴巴喔喔喔地叫醒了小动物们。兔子、猫和小猴都是好朋友,它们围着一棵大榕树,在草地上高高兴兴地玩起来了。

瞧,小猫在练跳绳,它一下一下有节奏地甩着绳子,越跳越起劲;可爱的兔子拍着大皮球,脸都涨红了;最淘气的小猴子骨碌碌地转动着机灵的大眼睛,在大榕树上蹦来跳去,还在树枝上荡秋千呢! 小牛也来凑热闹,它摇晃着大脑袋,东瞧瞧,西看看,然后竖起它那对尖尖的牛角,神气地说:"谁来跟我比赛,顶一顶,看谁的力气大!"小动物们正玩得高兴,突然,远处传来一阵老虎的叫声,小动物都吓坏了,嚷着说:"大老虎来了,大老虎来了……"（后面会发生什么事呢? 请幼儿创编）

9. 说课练习课题: 社会领域。

（1）小班是幼儿社会适应的关键阶段,请你以"幼儿园里真快乐"为题设计社会活动并说课,年龄班定在小班。

（2）现在的孩子大部分是独生子女,家人常常会带他们去同伴家做客,如何做小客人和小主人成为幼儿交往中的一部分,请你围绕上述内容的某个方面,设计社会活动并说课,年龄班定在小班。活动名称自拟。

（3）在幼儿园集体生活中,同伴关系的和谐对幼儿发展非常重要,请围绕"好朋友"的内容设计社会活动并说课,年龄班定在中班。活动名称自拟。

（4）生活中,幼儿需要知道一些特殊的电话号码,在遇到困难或紧急情况时能自我保护或帮助他人。请围绕"特殊电话号码"设计一个社会教学活动方案,年龄班定在中班。活动名称自拟。

（5）十二生肖是中华民俗文化中富有鲜明特色的一个组成部分,属相是幼儿生活中常常接触到的既有趣又神秘的话题,伴随人的一生。请以"十二生肖"为题设计社会活动并说课,年龄班定在大班。

资料:十二生肖是由十一种源于自然界的动物即鼠、牛、虎、兔、蛇、马、羊、猴、鸡、狗、猪以及传说中的龙所组成,用于纪年,顺序排列为子鼠、丑牛、寅虎、卯兔、辰龙、巳蛇、午马、未羊、申猴、酉鸡、戌狗、亥猪。

10. 说课练习课题: 科学领域。

（1）观察是科学教育的方法之一,请选择生活中常见的水果,以"好吃的×××"为题设计科学活动并说课,年龄班定在小班。

（2）科技小制作是幼儿科学教育的方法之一,通过制作让幼儿感知科学现象,请以"纸杯电话"为题设计科学活动并说课,让幼儿感知声音的传播,年龄班定在中班。

（3）实验是幼儿科学教育的方法之一。请选择常见的材料，以"溶解"为题设计科学活动并说课，让幼儿感知溶解现象，年龄班定在中班。

（4）认识序数是幼儿数概念教育内容之一。请以"认识6以内序数"为题进行说课，年龄班定在中班。

（5）认识10以内的加减是大班幼儿数学教育内容之一，请以"学习5的加法"为题设计数学活动并说课，要求教幼儿学习5的4道加法算式，年龄班定在大班。

11. 说课练习课题：艺术领域。

（1）艺术活动"我为爸爸画张像"（绘画）。

绘画是艺术领域中美术活动类型之一。要求幼儿观察物象并大胆表现其造型及特点。请进行该课题的说课，年龄班定在大班。

（2）艺术活动"生日贺卡"（图案画）。

《指南》中艺术领域目标指出"能用自己制作的美术作品布置环境、美化生活"，图案画又称装饰画，是绘画的一种形式，要求幼儿学习有规律的图案及色彩搭配。请进行该课题的说课，年龄班定在大班。

（3）艺术活动"春天"（歌唱）。

歌唱是艺术领域中音乐活动类型之一，请进行该课题的说课，年龄班定在小班。

（4）艺术活动"找朋友"（韵律）。

韵律活动是幼儿音乐活动类型之一，请进行该课题的说课，年龄班定在小班。

动作建议：第［1］～［4］小节：幼儿一边走，一边拍手；第［5］～［6］小节：两人面对面，做敬礼、握手的动作；第［7］～［8］小节：做拉手、拥抱等相互友好的动作。最后相互说"再见"，并做再见的手部动作。

（5）艺术活动"摇篮曲"（欣赏）。

欣赏活动是幼儿音乐活动类型之一，请进行该课题的说课，年龄班定在小班。

资源链接

课件制作学习网址

第一课件网：http://www.1kejian.com/

师库网：http://www.chinaschool.net/

中国素材网：http://www.sucai.com/

课件之家：http://www.kejianhome.com/

无忧PPT：http://www.51ppt.com.cn/

3

第三单元　不同类型说课技巧

单元结构

教学课件

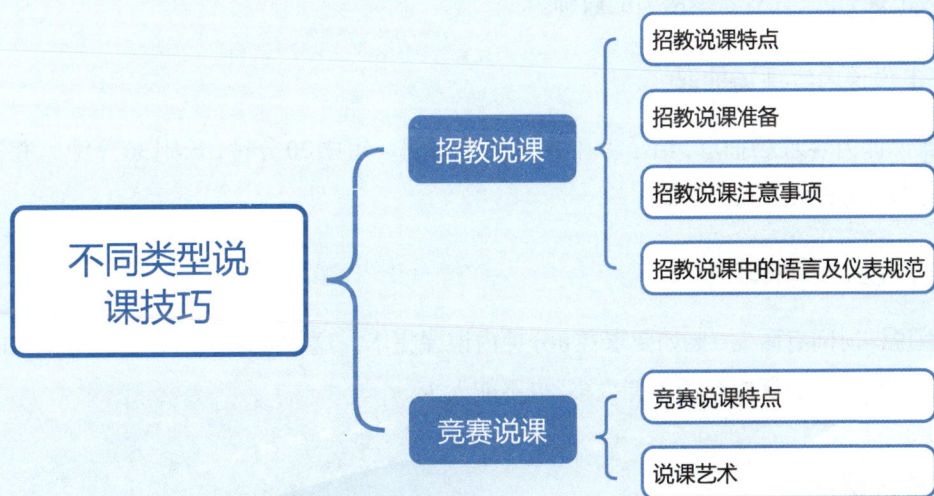

不同类型说课技巧
├─ 招教说课
│   ├─ 招教说课特点
│   ├─ 招教说课准备
│   ├─ 招教说课注意事项
│   └─ 招教说课中的语言及仪表规范
└─ 竞赛说课
     ├─ 竞赛说课特点
     └─ 说课艺术

第一课　招教说课

问题情境

　　说课能够在短时间内考察出教师的教育教学能力。因此，在各省市招教中，常常将说课作为面试的一种形式。但是，参加说课的老师通常会出现一些问题，如有的老师还没说教学过程时间就到了，有的生搬硬套所谓的说课模板，结果内容与课题不符。如何做好招教说课准备？如何在招教说课中取得好的成绩？本课将就此问题展开阐述。

一　招教说课特点

　　招教说课属于选拔性说课，主要目的是通过说课考察教师的教育教学能力和教学基本功，从而选拔出优秀的、具有发展潜力的教师。

（一）说课内容现场抽取

　　招教说课内容现场抽取，给予考生一定准备时间。短则20分钟，长则30分钟。考生在规定时间内构思好说课内容并说课。

（二）说课时间有限制

　　招教说课时间有限制，比如要求在8分钟内说课完毕。这就要求说课者善于对说课内容进行整体谋篇布局。说课内容既不能太多，也不能太少。

二　招教说课准备

　　"凡事预则立，不预则废""不打无准备之仗"，这都说明了事前准备的重要性。充分准备是招教说课成功的起点，也是自我提高的过程。

（一）平时准备

1. 知识准备

　　知识是基础，没有比较丰富的知识，要想说好课是不可能的。所以平时要做好以下知识方面准备。

　　（1）掌握说课的基本理论知识，要弄清楚说课是什么、说什么、怎样说等问题。

　　（2）掌握幼儿园教学活动游戏化、生活化的特点。

（3）掌握幼儿园教学活动设计的内容、要求及规范格式。查找优秀教案,对照教学活动设计基本理论反复进行研读、分析。

（4）掌握幼儿园五大领域典型的教学活动类型。如健康领域的体育、身体保健、安全自护活动,社会领域的社会认知、社会情感、社会行为活动,语言领域的故事、讲述、文学作品欣赏活动,科学领域的观察、实验、科技制作活动,艺术领域的歌唱、韵律、绘画类活动。

（5）熟悉本地比较常用的幼儿园教材,了解小、中、大班教育内容和要求。

2. 理论准备

说课要在理论指导下去研究教学内容、过程设计、教学方法的运用。因此,在准备说课过程中,要进行以下三个层面的理论学习。

（1）学习幼教法规文件

幼教法规文件包括《幼儿园工作规程》(以下简称《规程》)、《纲要》、《指南》等。《规程》对幼儿园的性质、教育任务、目标、原则做了要求,对幼儿园卫生保健、教育、管理等各项工作作了规定。《纲要》是对《规程》第四部分教育活动的具体化,是幼儿园课程标准,提出了幼儿园教育指导思想,指出健康、语言、社会、科学、艺术领域教育目标与内容、指导要点及教育的组织与实施、评价要求。《指南》是引导我国3～6岁儿童学习与发展方向的指导性文件,以促进幼儿后继学习和终身发展奠定基础为目标,以促进幼儿体、智、德、美各方面的协调发展为核心,提出3～6岁儿童各年龄段学习与发展目标和指导建议。中小学教师说课要研读课程标准,幼儿教师说课则要研读《纲要》和《指南》。

（2）学习幼儿卫生与保育、幼儿教育学、幼儿心理学理论

通过学习,掌握小、中、大班幼儿身心发展特点、认知特点,掌握幼儿教育规律、教育原则。

（3）学习领域教学法理论

掌握领域教学法中的幼儿园教育活动设计理论,如教学设计理念是什么,怎样制定教学目标、选择教学内容、选择教学方法、设计教学过程等。这些理论对指导说课更具有针对性。

3. 撰写说课稿及述说练习

（1）练习撰写说课稿

通过撰写说课稿,有助于说课者掌握说课内容和要求。

（2）练习述说

说课最终还归结到一个"说"上,经常练习,自然说得流畅。练习述说应在过渡语言方面多做准备。例如,分析教材后,要确定目标时,可以这样说:"基于对教材的理解和分析,我将本次教学活动的目标定位在……"说完目标后可接着说:"下面我谈谈对教学重难点的处理……""为顺利达成教学目标,我将做以下教学准备……"

（二）现场准备

应聘者现场抽取说课课题后,在备考室准备方法和步骤如下。

1. 认真审题,准确把握课题内容

审题时要阅读给予素材的每一个信息。如明确是哪个领域的教育内容,是否规定了年龄班。如果没有规定,还要分析给予的课题内容适合哪个年龄班。例如命题1:水能溶解某些物

质,不能溶解另外一些物质。请你为幼儿设计一个以"有趣的溶解"为课题的科学活动并说课,年龄班自定。命题2:请分析给你的幼儿园大班社会教材中的"祖国妈妈特有的"内容,设计社会教学活动并说课。上述两个命题领域都很明确。命题1需要考生自定年龄班,命题2指定了年龄班。此外,某些教育内容是有特定年龄班要求的,如"5的加法"是大班的数学内容。

另外,有的招教说课命题范围广,需要考生确定教学内容的广度和深度。如上面的命题2"祖国妈妈特有的",给考生的是一本幼儿用书,上面有很多内容信息,书上画有我国特有的动物、植物、特产、建筑等图片,考生应对内容进行筛选和组织,避免内容过多。有的命题范围窄,如请你以"认识正方形"为题设计小班数学活动并说课,该命题非常具体。

还有的招教说课是给出一个主题,要求考生进行该主题下的教学活动说课。例如"动物"这个主题,考生要围绕主题选择说课内容。像科学活动"冬眠的动物"、歌唱活动"小动物怎样叫"都是围绕主题的内容。

2. 撰写说课提纲

备考时间有限,要先构思说课框架,包括目标框架、理论框架。列出总体框架后,合理安排时间,如2～3分钟内要把目标确定下来,然后重点考虑教学设计的框架,重难点突破的策略,并以提纲、关键词的形式写下来。之后,分析说课内容,思考"说理性"。平时撰写说课稿可以把内隐于头脑中的备课思维过程一点点写出来。但招教时间不允许考生深入思考"理论"。在列出说课整体框架的基础上,思考"为什么",以关键词的形式写出来。保证在规定时间内,完成说课准备。

准备过程中,注意审视以下两方面:① 教育观念是否正确。教育观念很重要,观念错误,设计的活动对幼儿无价值。例如,某教师说的是大班数学活动"5的组成",虽然其说课内容完整,教师基本功也不错,但其教学方法以教师演示讲解为主,没有幼儿主动活动和操作。反映出教师不了解幼儿园教学活动的特点,其专业化程度受到评委质疑。② 活动目标是否准确。活动目标是活动设计核心,如果目标制定不准确,就会影响整个教学活动设计。

3. 梳理说课程序,强化印象

上场前,留一些时间,在脑子里反复梳理几遍说课程序,然后试着讲述几次。

4. 调整心理状态

良好的应变能力和自我控制能力是一个教师应具有的基本素质。说课者要注意自我心理调节,消除紧张心理,稳定心理状态,对自己充满信心。面试时,评委对选手的临场发挥状态比较关注。如果评委看到的是一个紧张、慌乱的选手,会对选手是否适合当一名教师产生怀疑。

三 招教说课注意事项

（一）发挥自身的教学个性,避免生搬硬套他人的说课模式

招教说课时把教什么、怎样教、为什么这样教的问题说清楚即可,避免套用别人的说课稿来说本次内容。

（二）说课内容完整,详略得当

招教说课和平时教研时说课不同,平时教研说课内容可以不完整,就说课中的某几个方面重点说。招教说课要说得完整,但对各方面内容不能平均使用力量,要处理好详略,注意以下三点。

1. 较快进入说教学过程部分

教学过程设计是说课核心部分,评委想知道说课者是怎样教的,避免把活动内容、活动目标、活动准备、教法学法说得过多。如果有10分钟说课时间,4～5分钟之内要把内容、目标、准备、教法学法说完。

2. 把握说课整体框架,避免说得过于详细

说课时要有整体意识,建议采用"总—分"的述说思路。例如,说教学过程时,先把教学环节有几部分说出来,给评委一个整体印象。然后分说每一部分。总之,做到"说主不说次""说大不说小"。

3. 恰当展示作为幼儿教师的基本功

根据说课内容,恰当展示自身教学基本功,如讲故事、唱歌、绘画、舞蹈等技能。例如,某教师绘画技能很好,在说教学过程时,导入部分设计的是到小兔家做客的场景。她即时运用简笔画技法在黑板上画了小兔的家。不仅展示了自己绘画功底,又使个人的说课与众不同。又如,某教师在说语言教学活动时,设计的第一个教学环节是倾听故事,她绘声绘色地讲了两句,一下吸引住了评委。但是,这种展示必须密切结合教学内容,不能为展示技能而展示。另外,注意点到为止,控制好时间。

四　招教说课中的语言及仪表规范

招教说课中,说课者的语言、教态、仪表反映出作为一名幼儿教师的基本素养。刚毕业的幼师生参加招教时,评委对其说课理论深度、创新等方面不会有太高要求,更多是看其是否具有发展潜力,看其语言表达、心理素质、个人修养等。

（一）语言

使用普通话,语气自然,语速正常,语音清晰。不用生硬冷漠的语气、过快过慢的语速,或者含糊不清的语音。忌声音高亢,像演讲;忌声音平淡,照着稿子念;忌声音细小或发抖。

（二）行为举止

1. 教态

自然大方、友善、亲切、随和,避免扭捏作态或刻意表演。说课中避免有小动作,如挠头、拽头发、捏衣角等。

2. 眼神

适时和评委进行眼神交流,避免目光四处游离,躲闪或只盯一个地方,这会给人做事随便、注意力不集中的感觉。

3. 站姿

抬头，挺胸，收腹，两腿基本并拢，不宜叉开。行姿注意抬头、挺胸、收腹，肩膀往后垂，手要轻轻地放在两边，轻轻地摆动，步伐轻快。

4. 个人修养

要有礼貌，进场后简短介绍"我是×号选手"，给评委鞠躬。等评委发出指示语后再开始说课，不要抢话。说课如未到指定时间，要给予说明，如"我的说课完毕，请评委指正"。如果说课超时被提醒或打断，要马上停止，交代一句"我的说课就到这里，谢谢"。离开现场时要避免埋头收拾自己东西或急匆匆离开。

（三）仪容仪表

1. 发型

整洁、富有朝气，避免凌乱、披散和遮挡脸庞。

2. 着装

幼儿教师服装色彩宜明亮，款式活泼。避免下列着装：短而包臀的裙子或拖地长裙，短裙以刚过膝为好。不宜穿无领无袖衣服，短袖上衣应是有领T恤。上衣领口不宜过低，不能透胸露背。不围长披肩及大围巾，不穿臃肿的大棉袄。男教师不能穿短裤。女教师忌浓妆艳抹，应不戴首饰；忌穿尖细高跟鞋；穿凉鞋时，要穿袜子。总之，着装不要过分时尚、过分暴露、过分严肃，以和谐而得体、自然而朴实为好。

案例　大班社会活动

"我的家乡美"（招教说课）

说课视频

我的家乡美

各位评委老师，大家好。我是×号选手。抽到的课题是社会领域教育内容——"我的家乡美"。我将年龄班定在大班。下面从教学内容、目标制定、教学准备、教学方法、教学过程设计和活动延伸等方面说说我的教学设计。

一、说教学内容

认识家乡是幼儿园社会领域内容之一。关于家乡，可以认识的内容很多，如家乡风俗、名胜古迹、环境、特产等。但教学毕竟是有时间限制的，因此在教学内容上我选择家乡风景为幼儿认知对象，以此为载体使幼儿感受到家乡之美，激发幼儿热爱家乡的情感，并要求幼儿从爱护家乡的环境做起，将对家乡的爱落实到行动中。

大班幼儿对生活的家乡环境比较熟悉，有些幼儿还去过风景区游览；对家乡的风景区有了一定的知识经验；语言表达能力较强，具有一定的合作和交往能力。这些是开展本次教学活动的基础。

二、说教学目标

通过分析幼儿认知水平,结合教学内容,制定以下教学目标。

1. 知道自己的家乡是辉县,了解家乡的几个风景名胜。

2. 能与同伴交流分享收集的家乡风景资料,感受家乡秀丽的风景美。

3. 热爱家乡,爱护家乡一草一木。

上述目标从社会认知、情感、行为三方面考虑,目标具体明确。

教学重难点的确定:社会教育应建立在幼儿已有的经验基础上,适当扩展其经验并用幼儿可感知的方式进行,避免教师的灌输和说教。因此,把目标2"能与同伴交流分享收集的家乡风景资料,感受家乡秀丽的风景美"定为教学重点,同时也是教学的难点。

三、说教学准备

记得有位学者说过:要使幼儿了解爱的真谛,就要让幼儿用眼、耳、口、手去表达。本次活动,需要幼儿具有较多的亲身感受家乡风景的体验,这就需要家长的配合了。我贯彻家园合作的教育原则,在活动准备方面利用家长资源,进行以下准备。

1. 请家长利用节假日带幼儿到风景区游玩,协助幼儿用自己喜欢的方式收集资料,如照片、录像等。

2. 四张主要的家乡风景大图片(郭亮、八里沟、关山、回龙景区)布置在展板上。在教学活动中,便于幼儿将自己手中的资料进行分类。

四、说教法与学法

在教学方法上采用了谈话法、演示法、价值澄清法。教学方法的运用我准备结合教学过程详细阐述。下面,详细说一说对教学过程的设计。

五、说教学过程

本着让幼儿在主动活动中学习的教学理念,设计了四个教学环节,依次是:提问,导入活动;讨论交流,了解家乡风景;玩"击鼓传花"游戏,讲述家乡风景;观看环保图片,渗透爱家乡教育。

第一个环节:提问,导入活动

教学开始,以提问的方式引入课题。"我们居住的城市叫什么名字? 你都到哪里游玩儿过?"通过幼儿对上述问题的谈论,使幼儿知道家乡的名称,明白家乡就是自己出生、成长、居住的地方。完成教学目标1,这一环节拟用时4分钟。

第二个环节：幼儿交流搜集的家乡风景资料

这一环节采用幼儿合作的方式学习。请幼儿拿出自己搜集的资料，如游玩风景区照片，与相邻同伴讲述自己去了什么地方，看到了什么。在这里，我充当倾听者的角色，支持鼓励幼儿交流。同伴交流能够相互启发，而且每个幼儿都有机会讲述。在幼儿充分讲述的基础上，进入第三个教学环节。

第三个环节：玩"击鼓传花"游戏，讲述家乡风景

具体做法是，教师出示贴有四张风景图的展板，组织幼儿玩"击鼓传花"的游戏，鼓声停，花传到哪个小朋友手里，谁就以小导游的身份到前面来讲述自己手中的风景资料，使幼儿有机会在集体面前展示自己。讲完后将资料贴在相应的风景区边上。"击鼓传花"游戏形式的运用，活跃了气氛，调动了幼儿参与讲述的积极性。幼儿把自己的所见所闻及感受与大家交流分享的过程，就是一个展示家乡美、表达对家乡的爱的过程。充分体现了以幼儿为活动主体的思想。对于幼儿的讲述，教师适时引导并补充展板，发挥教师的主导作用。

上述环节运用了谈话法、演示法及游戏法。通过第二、第三两个教学环节，完成目标2，即能与同伴交流分享收集的家乡风景资料，感受家乡秀丽的风景美，解决了教学重难点。

第四个环节：观看环保图片，渗透爱家乡教育

图片上的内容是环卫工人在景区打扫卫生。我提出问题：这是什么地方？他们在做什么？垃圾是怎样来的？我们应怎样做？通过提问、交谈促使幼儿自省，利用评价过程进行价值澄清。在此，我采用的是社会领域特有的教育方法——价值澄清法，使幼儿形成初步的环保意识和文明行为。只有热爱家乡的一草一木，才是对家乡的热爱。完成目标3。

教学设计时，我选择贴近幼儿生活的内容，通过直观形象的画面，丰富有趣的形式，引导幼儿感受、体验家乡美，从而促进幼儿社会性情感的发展。

六、说活动延伸

1. 课上没有机会讲述的幼儿让他们在区角活动中继续布置展板讲述。

2. 组织幼儿用绘画的形式表现对家乡的爱。

以上就是我对"我的家乡美"一课的设计。在设计中我更加深刻体会了《纲要》所指出的：社会教育应为幼儿提供人际间相互交流和共同活动的机会和条件，并加以指导。感谢聆听，谢谢！

评 析

上述说课是一篇优秀招教说课稿。说课内容完整，详略得当。说课思路清晰，层次分明。该说课有以下突出特点：

（1）说课者把教学方法放在说教学过程中说,在说每一教学环节时,阐述运用什么方法,很有针对性。

（2）说课说得"实"。这个"实"体现在满篇没有华丽的辞藻、空洞的理论,扎扎实实分析内容、学情,理论依据言之有物。

（3）说课者对社会领域教育特点把握准确。社会领域教育要避免空洞的说教,特别是对幼儿进行情感教育时不能空喊口号。说课者通过让幼儿从爱护环境做起,体现对家乡的热爱之情。

（4）教学过程说得具有系统性。说课者并不是孤立地说出教学环节的设计与安排,而是结合教学目标的实现、教学方法的运用、教学重难点的解决来阐述教学过程,使听者明白这个环节采用什么方法,完成什么目标。

（5）把以"幼儿为活动主体的理念"真正落实在教学中。如教学准备让幼儿搜集图片,教学过程中,为幼儿提供表达、交流的时间和空间,使幼儿真正成为学习的主人。

上述五点都值得学习借鉴。

第二课　竞赛说课

问题情境

竞赛说课属于评比性说课。通过组织说课比赛,促进教师之间相互交流与学习,不断提高教师队伍的整体教学能力。说课比赛有在职教师之间的比赛,也有幼师院校学生之间的比赛。说课比赛如果把握不好,也会出现问题。如有的教师每说一句话都设计一个手势,像慷慨陈词的演讲一样;有的教师把精力投入到多媒体课件的制作上,结果课件漂亮但说课内容缺乏内涵。如何在比赛中充分展示说课水平,本课就此问题进行阐述。

一、竞赛说课特点

（一）给予命题范围,选手提前准备

比赛前一段时间,组织者公布命题范围,选手进行准备,比赛时从命题范围中抽取课题进行说课。

（二）运用多种手段辅助说课

竞赛说课要求教师制作多媒体课件辅助说课，可以把说课用的一些教具、学具带到现场。

（三）说课时间规定严格

相对于招教说课来说，说课技能比赛时间长，要求15分钟左右。另外对述说时间规定严格，选手超时或时间不够都会扣分。招教说课也有时间规定，但如果相差一些，不至于影响说课者成绩。

（四）对说课质量要求很高

参加比赛的选手会经过较长时间的准备及有针对性的训练。同样的内容，比的是谁说得活、说得透、说得有特色、说得有创新。比赛说课按常规要求把课说好是不够的，还要讲究说课艺术。达到具有说课艺术的水准不是一朝一夕的事，需要教师认真准备，刻苦训练。

二、说课艺术

（一）说课艺术的内涵

说课艺术指说课者运用说课技术和手段，创设良好的说课情境，将说课内容和信息巧妙有效地传达给听者。说课艺术是教师熟练运用教育智慧的结果，是教师进行独创性教学研究的活动。

（二）说课艺术的内容

说课艺术包括以下五方面内容，教师可以围绕这些内容进行准备和练习。

1. 说课语言艺术

说课语言艺术是说课艺术的核心。要求教师运用流畅清晰、生动形象、精确标准的语言来表达自己的教学思路。要达到说课语言艺术，必须做到以下四点。

（1）科学性

说课语言必须准确规范，简明扼要。语言前后连贯，层次分明，结构严谨。清晰地反映说者的教学思路和理论依据。

（2）生动性

要赋予说课语言以形象美，语音清晰、明朗，音量适中，悦耳动听。

（3）情感性

说课语言除了要求准确、简洁、生动之外，更高层次的要求是富有情感，因为没有情感的语言是苍白无力的。说课中，打动听者的是情感。述说时，不能满足于说得熟练、流畅，还要做到有感情，情感式语言可以给人留下深刻印象。

（4）交流性

说课者与听众要有交流感，应恰当使用不同的说课语言，如独白语言、教学语言、朗诵语言等。

2. 说课内容甄选艺术

语言是形式,关键还在于说的内容,要优化说课内容,应做到以下三点。

（1）思路清

一是,从整体的高度厘清说的最基本内容。二是,说课时善于抓住重点,做到突出理论,详略得当。

（2）挖掘深

要避免说课停留在"表层",要说出内容的深度,只有挖掘深,才能提高说课层次。

（3）构思新

说课虽然有法可循,但不能定规。教师不必拘泥于说课框架的束缚,在谋篇布局时要勇于创新。

3. 说课操作艺术

说课操作艺术指说课者巧妙地运用各种手段"辅助"说课。

（1）根据说课目的制作实用的、效果好的说课用具

说课用具包括教师用的教具和幼儿用的学具等,在说课时适时展示出来,增加说课效果。例如,某学生参加幼师生教学技能大赛,说的是艺术领域的活动——京剧脸谱。她自制四张京剧脸谱,并设计以唱京剧形式导入活动。说课开始,她边唱边演示脸谱,一下吸引住了评委。

（2）多媒体课件演示与解说和谐配合,相得益彰

教师对多媒体课件的演示要熟练自如。例如,某教师说语言领域的活动"绿色的梦"时,说课中需要朗诵一段诗歌,当她充满感情朗诵时,多媒体课件同时响起轻柔的《摇篮曲》背景音乐,一下把人拉到梦幻情境中,使说课意境得到提升。

4. 说课表演艺术

表演艺术指说课者运用自己的体态动作来辅助说课。

（1）恰当表演说课的有关内容

进行艺术、语言、体育等领域说课时,可辅以恰当的表演、演示。

（2）运用好态势语丰富说课语言

说课离不开手势语。手势能帮助教师清楚、细腻地传达各种信息,教师要恰当设计和运用手势语。手势语所突出的重点要落在关键处,画龙点睛,干脆明了,要而不繁,恰到好处。说课中的表情也很重要,教师要充分运用一个眼神、一个微笑、一个手势达到"此时无声胜有声"的效果。总之,教师说课风度要美。如在教态方面,有的教师谈笑风生而不流于滑稽,有的教师诙谐幽默而不流于庸俗,有的教师充满激情但不显得做作,这都体现了说课时的表演艺术。

5. 驾驭说课进程的艺术

要保证在规定的时间内完成说课,教师需要掌握驾驭说课进程的艺术。巧妙设计组织说课内容和掌握说课进程。

（1）精心设计说课开头

俗话说,"好的开始是成功的一半",说课时一开始就要力争吸引住听者。

（2）巧妙构思说课过程

在说课过程中,哪部分详说,哪部分略说,哪部分是精彩处,每一部分内容用时多少,必须做到心中有数。

（3）考虑如何精彩结束说课

要在规定时间内恰到好处地结束说课，既不让人感到匆忙收场，也不让人感到故意拖延时间。

总之，说课是一门艺术。教师要努力吸收各种不同艺术的特点，丰富完善说课方法，取得好的说课效果。

案例　中班语言活动

"绿色的梦"说课（竞赛说课）

评委老师们好，我抽到了语言领域的课题"绿色的梦"，这是一首非常优美的散文诗。下面，就带领大家走进教学，享受文学艺术带给我们的愉悦。

一、说教材

1. 内容分析

儿童散文诗的"诗情画意"和"短小精悍"使其成为幼儿园语言教育的重要内容。散文诗《绿色的梦》篇幅短小，意境优美，以幼儿感兴趣的梦为切入点，想象丰富，感情真挚，勾勒出一幅人、动物与环境和谐共存的美好画面。同时，其拟人化、富有人情味儿的语言风格，能充分激发幼儿的想象，萌发幼儿对语言美的理解和认识。

2. 学情分析

中班幼儿愿意欣赏形式优美的散文诗，也能初步感受到语言所蕴含的美。不过，他们的词汇量相对较少，在理解散文诗中被艺术化了的语言方面有一定难度，这需要教师引导他们进一步去体验和感受。

本次教学重在引导幼儿理解、感受作品的内容和意境，鼓励幼儿用自己喜欢的方式创造性地仿编散文诗，努力为每个幼儿提供在集体面前大胆表现自己的机会。培养幼儿的语言表达能力和思维能力。

3. 教学目标及重难点

我将该节课的教学目标定为：

（1）理解散文诗的内容，感受散文诗优美宁静的意境（认知目标）

只有把握了散文诗的内容，才能进一步理解、感受散文诗所表现的内涵和意境。这一目标也是教学重点。

（2）学会仿编诗歌，并大胆在集体面前表达自己的"梦"（能力目标）

中班幼儿已经初步具备了完整表达的能力，但他们抽象逻辑思维能力有待发展，不善于主动进行发散性想象和思考。因此，发展幼儿想象力，鼓励幼儿大胆表达自己的想法和感受是教学难点。在活动中通过组织幼儿主动参与朗诵以及引导幼儿观察相关绿色事物的图片进行经验拓展，来突破这一难点。

（3）萌发热爱大自然，喜欢幻想美好事物的情趣（情感目标）

文学作品欣赏的价值就在于品味，感受其丰富的意境，因此，让幼儿自由畅想"梦"，萌发对大自然的热爱，产生喜欢幻想的情趣，是本次教学的情感目标。

4. 教学准备

幼儿的语言能力是在交流和运用的过程中发展起来的。应为幼儿创设自由、宽松的语言交往环境，鼓励和支持幼儿与成人、同伴交流，让他们想说、敢说、喜欢说，并能得到积极回应。积极的语言环境对于幼儿语言发展是最有效的。因此，语言教学活动的成功一定程度上取决于是否创设了适宜幼儿语言发展的环境。为有效实现教学目标，做了如下准备。

（1）经验准备

幼儿的语言学习需要相应的社会经验支持，应通过多种活动扩展幼儿的生活经验，丰富语言的内容，增强理解和表达能力。通过家园共育的方式，让家长带领幼儿寻找生活中的绿色事物，如绿色的竹叶、毛毛虫、草地等，让幼儿积累关于"绿色事物"的经验，为在学习中更好地发挥想象、仿编诗歌奠定基础。

（2）物质准备

准备了多媒体课件，背景音乐《摇篮曲》。生动形象的多媒体课件能够激发幼儿的学习兴趣。视听结合的直观手段，能有效地帮助幼儿记忆和理解散文诗内容，充分体会诗中的情感。《摇篮曲》旋律轻柔甜美，曲调温柔宁静，吻合散文诗的意境，作为背景音乐，能帮助幼儿理解诗歌的内容与意境。

二、说教法与学法

1. 教法

中班幼儿思维具有明显的具体形象性特点，在活动中采用演示法，通过呈现图片、课件演示等直观手段刺激幼儿的视听器官，帮助他们更好地理解散文诗内容。

2. 学法

教育心理学提出"学习者同时开放多个感知通道，比只开放一个感知通道能更精准有效地掌握学习对象"。本次活动让幼儿"听、看、说、读"，调动幼儿多种感官。"听"即听教师的朗诵，"看"是观看多媒体课件，感受散文诗优美宁静的意境，"说"则是说出自己对图片的理解，"读"是读散文中的语句。幼儿动脑、动手、动口，变被动学习为主动学习。

三、说教学过程

理解散文诗的关键是运用正确的教学策略，即"主线"的设计。散文诗把梦作为线索，将众多的事物巧妙地串起来，从整体上营造出一个意境优美、和谐的世界。因此，我的教学思路是：通过情境引梦，揭示主题；通过听梦、解梦、赏梦理解诗歌内容，感受诗歌语言美和意境美；通过编梦使幼儿进一步加深对诗歌的理解，学会运用诗歌的句式来表现语言美和意境美。

1. 情景激趣，生动引梦

教师头戴花环，手提绿色花篮，扮作梦姐姐上场，引起孩子的兴趣。

"小朋友们好，我是梦姐姐，你们都做过梦吗？今天我来到森林里，去送梦给大家，你们想知道它们都是谁吗？"

散文诗所要表现的意境美不太容易理解和体会，创设梦姐姐出场"引梦"的情境，打破了以往仅用图片直接进行教学的方式，为幼儿创设了唯美的梦的气氛，调动起幼儿听、看、想、说的愿望。

2. 整体感知，视听赏梦

（1）结合课件，完整感知

师：这是一个特别的晚上，大家都做了一个特别的梦，听一听梦姐姐让谁做了梦，他们都梦见了什么？（完整朗诵诗歌）

让幼儿带着问题倾听诗歌，可以使幼儿更好地理解散文诗内容。通过配乐、课件渲染梦境，在教师的朗诵中幼儿初步感受诗歌所表达的意境。

（2）结合图片，提问解梦

师：梦姐姐让小兔子、青蛙、……、孩子做了这么多美好的梦，我们来看看它们都梦到了什么？

小兔子梦到了什么？它为什么会梦到草地呢？这片草地是什么颜色？

小青蛙梦到了什么？为什么呢？它在等谁？……

生动的图片符合中班幼儿具体形象思维的认知特点。根据幼儿的回答，逐一出示小动物图片，能让幼儿更直观地理解散文诗内容。活动中我借助启发式提问，以"为什么"让幼儿深入思考问题，为幼儿提供表现能力的机会和条件。最后，以图片为线索，让幼儿跟读散文诗。教师提问："听过这篇散文诗有什么感受？"引导幼儿品味散文诗的意境。

3. 巩固理解，命名点梦

（1）分句赏析，深入理解

师：请小朋友们说一说自己喜欢的一句。为什么喜欢这句呢？

《纲要》中指出要"鼓励幼儿大胆清楚地表达自己的想法和感受，发展语言表达能力和思维能力"。结合图片，让幼儿朗诵出自己喜欢的句子就是为幼儿提供在集体面前大胆表达的机会。其他幼儿通过跟读，也能加深对作品的体验，感知散文诗语言的丰富和优美。同时，引导幼儿发现散文诗基本的句式，为仿编打下基础。

（2）抽象概括，命名点题

师：大家发现了这么多好听的句子，那我们把它们合在一起，朗诵一遍散文诗！小朋友们,散文诗里的梦很美,我们给散文诗取个好听的名字吧!

播放课件,让幼儿边看边朗诵,再次完整感知并熟悉散文诗的基本句式,感受散文诗的优美意境。同时,启发幼儿概括出散文诗的题目《绿色的梦》。

（3）分组朗诵,加深体验

通过小组表演朗诵,巩固对诗歌内容的理解。

4. 拓展思维,合作编梦

（1）幼儿分组操作图片进行仿编诗歌,教师巡回指导

"小朋友们,小动物们都做了绿色的梦,你们想做绿色的梦吗? 还有哪些东西是绿色的呢? 老师为你们准备了许多绿色的图片,请根据'××梦到了××……'做一个绿色的梦吧!"

教师以梦姐姐的身份为小朋友送上图片,通过引导幼儿讨论,结合图片进行填空式仿编,降低了仿编难度,突破了活动难点。

（2）幼儿朗诵、表演仿编的诗歌句式

幼儿自由表演朗诵,既巩固了诗歌句式,又体验到仿编成功的乐趣。

四、说活动延伸

语言能力是一种综合能力,语言教育应当是跨领域的综合教育。因此,我设计了两种延伸方式。

（1）以"梦"为主题,组织幼儿画一幅自己最喜爱的画,以展板的形式展出。

（2）表演游戏"绿色的梦"。满足幼儿继续想象和表达的欲望,体验创造的快乐。

我本着"以幼儿为主体"的教育理念设计了本次活动,让幼儿在互动、开放和探究的活动氛围中聆听、欣赏、感受、创造和表达。幼儿真正体验到了在活动中享受生活的乐趣。

以上是我对"绿色的梦"的说课,感谢聆听!

评　析

本节说课在河南省幼师生说课比赛中获得一等奖。这篇说课稿结构完整,内容充实,文辞优美,有以下五个突出特点值得学习。

（1）说课切实体现了语言领域的教育理念,即为幼儿创设一个宽松的语言表达环境,使幼儿想说、敢说、愿意说。

（2）教学过程层次清晰,安排合理。所谓清晰,体现在教学环节按照"引梦—听梦—解梦—赏梦"的顺序展开;所谓合理,即遵循"感知—体验—表达"的认识规律。这样的过程设计经得住推敲。

（3）教学方式多样，可行有效。教学目标制定具体、全面。说课过程注意利用多媒体画面及背景音乐烘托欣赏氛围，增加了说课感染力。

（4）对教学内容、幼儿学情分析、教学过程每个环节做什么、怎样做，说得具体、实在、有理有据。

（5）说课的导入语简洁、有特点，马上引起听者注意。结束语再次点明教学设计理念，引发听者无限回味和思考。

？ 岗课赛证

1. 招教说课有什么特点？

2. 围绕"祖国妈妈特有的"（招教真题）这一社会领域课题，按照招教说课面试程序进行准备（30分钟）并展示说课。

3. 简述说课艺术包括哪几个方面。

4. 某省高等学校师范类专业毕业生教学技能比赛说课赛项内容及要求。

每个领域规定3个课题，参赛选手在比赛现场从指定的3个课题中随机抽取相应的1个课题进行说课展示，时间为12～15分钟。学前教育专业赛题如下所示（组委会在比赛前1个月发布）：

语言："光盘"行动

健康：小口罩，大作用

数学：量的比较

5. 全国职业院校学前教育专业教育技能赛项中说课内容及要求。

项目：幼儿园教育活动设计与说课

该项目以"规定主题"为设计范围，选手根据给定的素材与幼儿年龄段，进行幼儿园教育活动设计，主要考查选手的主题网络图设计、集体教学活动设计、说课等综合能力。具体要求见下面示例：

题目：主题活动——"动物王国"

内容：

（1）主题网络图设计

（2）教学活动设计教案

（3）说课

基本要求：

（1）根据给定的素材包中的素材，确定主题活动适合的年龄段，综合幼儿发展各领域以及幼儿园活动的类型，围绕主题设计主题网络图。主题网络图绘制具有丰富性、科学性、具体化和操作性强等特点，充分考虑到生活化、兴趣性、适宜性、幼儿主体性和家园合作等因素。

（2）根据主题素材与年龄段，设计一课时（30分钟左右）集体教学活动的教案。教案格式完整规范，语言清晰、简洁、明了，目标设计、内容选择、方法运用符合幼儿年龄特征和领域特点。

（3）根据已设计的教案，就内容、目标、方法、过程设计等进行说课，说清楚"学什么、教什么""怎么学、怎么教"以及"为什么"等问题，语言规范，条理清楚，逻辑性强，表达流畅。说课时间在7分钟内。

4

第四单元 说课评价

单元结构

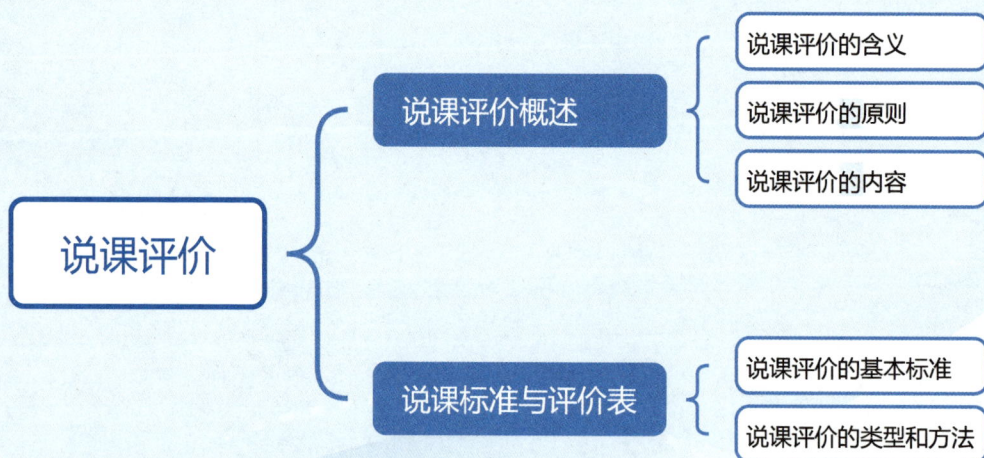

第一课　说课评价概述

问题情境

说课说得好不好,不同的听者会有不同的评价,因此确立评价标准很重要。说课前,教师了解说课评价的相关知识,对提高说课质量具有很重要的意义。本课介绍说课评价的一些知识,便于教师对照标准进行说课指导。

一　说课评价的含义

说课就需要进行评价,否则,难以引导和把握说课的方向,也难以保证说课的质量和水平。把说课与评价说课结合起来,能使教师从科学、理性的高度去把握说课的方向和方法,帮助教师加深对各教学环节的理解程度,提高说课者对说课内容的认识能力,从而更有效地促进教师的教学反思,达到提高教师业务素质、提高教育教学质量的目的。

说课评价,就是根据说课的目标和要求,把说课活动中收集的有关信息资料进行分析。说课能综合地、较为全面地评价教师素质和教学能力,尤其是教师运用教育、教学理论分析和指导课堂教学实践的能力和水平。通过说课评价,可以客观地衡量教师的说课是否达到说课的各项要求,公平而科学地鉴定教学过程的合理性,教学方法和手段选择的有效性,以及运用教育理论指导教学实践的实际水平。

二　说课评价的原则

(一)发展性原则

说课活动除了有教研人员、专家参与外,主要在教师群体之间开展,说课者、听评者都是主体。说课评价中区分名次与等级只是一种过程性手段,其最终目的是通过评价促进教师的专业发展。因此,要用发展的眼光看待说课评价结果,要将评价结果作为未来进步和提高的起点,激励教师改变现状,不断提高教学质量。说课评价要关注教师的个体差异,不同教龄、不同的教学经历背景,对评价中发展性标准和尺度的衡量应有所不同。

(二)及时性原则

说课评价应采取现场说完课就评价的办法,使之及时而高效。在说课者说完课之后,评价者应在规定的时间内对说课教师及说课内容进行综合而又具体的评价。

（三）客观性原则

评价的客观性，就是要实事求是、客观、公正地对说课教师的说课内容进行评价。要辩证地看待教师的说课，既要肯定说课者的成功之处，肯定教师的成功做法和探索，保护和鼓励教师参与说课的积极性，又要指出说课中存在的问题，针对不足提出改进与优化的方法和策略，从而使教师清楚自己的不足，明确今后努力的方向。

（四）参与性原则

说课，从其活动形式以及活动的成效来看，实际上是一种教学研究方式。它符合当前教育改革的新形式、新要求，是促进教师专业成长的有效途径。因此，说听双方全程、全体参与到这一活动中，共同研讨，相互争辩，这是开展说课活动的基本要求，也是提高说课效益的重要因素。

三 说课评价的内容

说课内容的评价是说课评价的核心，涉及对说课各个环节的评价。这里着重从评价对教材的理解、教学目标的制定和落实、教学方法的选择和运用、教学程序的设计、教师的教学素养及说课答辩等方面来阐述说课评价。

（一）评价说课者对教材的理解

（1）评价对教材内容的理解、分析是否全面、深刻、正确。

（2）评价教学内容的组织和处理是否合理，教学重点、难点的确定是否恰当，能否分清主次，是否抓住了主要矛盾和矛盾的主要方面，是否符合幼儿的已有认知情况。

（二）评价说课者制定的教学目标和贯彻落实情况

（1）教学目标是否包括三维目标，是否明确、具体、切实可行。
（2）教学环节中是否贯彻落实教学目标。

（三）评价说课者教学方法的选择和运用

教学方法选择和运用是否合理、实用与有效，是否具有指导性和可操作性。可以从以下四点来评价。

（1）教学方法的选择和运用是否和目标内容相适应。

（2）教学方法是否有利于幼儿身心健康发展，符合幼儿的年龄特点和认知规律。

（3）教学方法是否有利于激发幼儿学习兴趣，使幼儿积极有效地参与活动，充分发挥幼儿在教学中的主体地位。

（4）教学方法是否灵活多样，是否有利于幼儿主动活动，学法指导是否得当。

（四）评价说课者设计的教学程序

通过说教学程序，可以较好地反映教师是否全面理解了教材并贯彻落实了三维目标。评价教学程序的设计,重点应关注以下三个方面。

（1）教材分析、教学目标及重难点、教学方法、教具学具使用、媒体使用是否与教学环节有机结合。

（2）教学结构安排是否合理？学习重点、难点是否突出？教学思路是否清晰？教学环节是否具有层次性、系列性和递进性？总体说明安排的理论依据。

（3）教学材料（教具、学具）是否有助于活动目标实现？是否与活动内容相适应？教学材料的选择是否有效、实用？数量是否充足？

（五）评价说课者的教学素养

说课评价的目的旨在全面评价教师素质和教学质量,所以,评价说课教师的综合素质也是说课评价的内容之一,评价时关注以下三点。

（1）教师的教学观念、文化内涵和知识的扎实度。

（2）教学的程序、结构与教法是否表现出教学上的某种特色和个人教学风格？

（3）教师的语言表达、体态语言表现力、演示、讲解等教学基本功。

对教师教学素养的评价指标应根据说课者的情况而定。如果是职前和新入职教师说课,侧重审视教师的基本功；如果是骨干教师、名师说课,侧重审视教师的教学风格和特色。

（六）评价说课者的答辩

一般来说,说完课之后,同行之间、专家、评委应对说课者说课中用到的理论、教学程序设计中的问题进行提问,所提问题应在说课内容涉及的范围之内。说课者要对内容涉及的理论及教学程序设计的理论依据做好思考准备和资料准备,以便答辩时使用。答辩时特别注意以下两点。

（1）善于倾听,理解提问者的意图。口齿清楚,表达流畅。

（2）答辩内容有条理,理论依据充分,有理有据,有说服力。

第二课 说课标准与评价表

问题情境

说课的评价标准,一要从说课理念与功能来考量说课质量；二要从说课评价的内容与项目上作全面具体的分析评价；三要考虑组织者组织说课活动的目的、自行确定的价值取向和个性化要求。只有在目的要求非常明确、评价标准把握准确的情况下,才能进行正确评价。

一 说课评价的基本标准

（一）突出教学理念

从说课内涵看，教学理念在说课中占有突出的地位，可以说是整个说课的灵魂所在。虽然，备课时也需要理念的支撑，但这时的理念往往是作为一种素养发挥着潜在的作用或影响，而说课则要使教师的教学理念摆在统帅的位置，发挥它的指导功能和支撑作用。说课不仅要说出"当然"，即教什么、怎么教，而且要说出"所以然"，即为什么要教这些、为什么要这样教。没有教学理念的说课，说课便没了分量和力度。

（二）诠释教学思想

从说课表达形式看，说课不仅仅限于对教学设计或教学方案的简单说明和解释上，它不是教案的复述，也不是对上课的预测和预演，它是在兼有上述两点的基础上，更加突出地表达授课教师在对教学任务和学情的了解与掌握情况下，对教学过程的组织和策略运用的教学思想方法。因此，更加注重的是对教育理念的诠释。所以，要求教师在说课中必须清晰、完整地表达出自己的教育思想和教学思路。

（三）体现教学能力

从说课过程看，说课应该促使教师的教学研究从经验型向研究型转化。因为对教学思想的阐发，能够使教师进一步明确教育教学观，更好地树立正确的儿童观。教学设计的展现，可以使教师把理论与实际紧密联系起来，用理论指导教学实践、解释教学现象。对教学设计的预测或现象的反思，可以提升教师的教学能力，所以在说课中应充分地表现出来。

（四）说出个性和创新性

教学是一门科学，也是一门艺术，应该具有创新性。说课者对教学的创新性体现在说课之中，体现在对于教学准确而独到的见解，对于教学环节独具一格的安排，对于教学策略独具匠心的理解和独特的运用技巧。说课评价务必集中发现说课教师的个性特征，发现、分析说课教师的创新之处，这是提升说课内涵所要重视的。有的说课评价把创新也作为一项指标，占一定评价分值。

说课评价的标准不是唯一的，就像其形式不是唯一的一样，它是开放的、动态的和发展的。但是，以上标准应成为不同说课类型的共有特征。

二 说课评价的类型和方法

从不同的角度划分，说课评价可以分为不同的类型。如从谁来评价的角度，可以分为自评、同行评价、专家评定、评委评定。按评价标准的不同，可以分为相对评价、绝对评价。按评价是否采用数学方法，可以分为质性评价和量化评价。下面主要介绍质性评价和量化评价。

（一）质性评价法

说课的质性评价法，是指根据一定的说课目标、教学理念，对教师说课的过程和结果进行描述、分析、评价，做出定性的评价结论。主要有等级评价法和评语评价法两种。

1. 等级评价法

等级评价法是常用的传统评价方法，用等级的方式呈现说课者的成绩，常用"优、良、中、差"或者"一等、二等、三等"或者"合格、不合格"等层次。这种评价方式方便、简单、易行，但比较粗略，受评价者主观因素影响较大，标准难以精确，最好与量化评价结合。

2. 评语评价法

评语评价法是运用评语来评价说课的方法，由评价者对说课优缺点进行全面、简要、重点突出的定性评价。要求评语言之有物，言之有理，符合说课实际情况，避免空洞的说辞。评语评价法多用于说课研讨或观摩教研活动。由于有评者与说者的双向交流和信息的及时反馈，甚至与上课结合（教与学互相印证），评价结果更具针对性，更有实用价值，能取得分数和等级评价无法达到的效果，对教学实践更具指导意义。

（二）量化评价法

量化评价法是对说课过程和结果从数量上进行描述、分析和评价。根据评价的基本原则，将说课评价全部内容分解为若干项目，并拟定评价标准，规定各评价项目的权重，评价者依据标准对各个项目逐一进行评分，然后将各项得分加起来得出说课者的总分，用这个分数再对该说课者做出某种判断。

说课评价时，可以把量化评价法和质性评价法结合起来运用。下面列举三个说课评价表，见表4-1、表4-2和表4-3。

表4-1　幼儿教师说课评价表

说课者：　　　　　　　　　　　　　　　课题：

项目	评 价 标 准	等第（分）	得分
说教材 （30分）	1. 正确理解、分析教材内容的作用和特点，能针对幼儿特点恰当地处理和利用教材，有利于拓展幼儿的经验（7分） 2. 对幼儿学情分析客观、针对性强（5分） 3. 目标涵盖认知、能力、情感等维度，符合领域核心目标，符合幼儿年龄特点；目标明确、具体、操作性强、表述角度一致（7分） 4. 重点、难点确定准确，符合教学内容要求和幼儿实际（5分） 5. 围绕教学目标准备活动材料，种类、数量适宜，有利于引发和支持幼儿的活动（6分）	A（27～30） B（23～26） C（18～22） D（18分以下）	
说教法 与学法 （20分）	1. 教法选择符合教学实际，以游戏为基本形式，体现领域特点（5分） 2. 教法选择既面向全体，又注重个别差异，师幼互动、有效沟通的频率高（5分） 3. 学法选择配合教法，符合教学实际和幼儿特点，阐述理论依据充分（5分） 4. 学法能具体落实到指导幼儿学习方法、能力及学习习惯、兴趣和情感培养上（5分）	A（18～20） B（15～17） C（12～14） D（12分以下）	

（续表）

项目	评　价　标　准	等第（分）	得分
说教学程序（40分）	1. 教学结构科学、合理,结构完整（7分） 2. 各教学环节内容安排合理,详略得当,重点突出,难点突破,衔接过渡自然,时间分配合理（8分） 3. 教与学和谐一体,双边活动紧紧围绕教学目标展开,教学活动体现教师主导、幼儿主体（7分） 4. 组织形式利于调动幼儿的主动性、参与性和创造性。活动形式易于幼儿感知、操作、探索,给幼儿提供充分探索、思考、交流的机会（6分） 5. 能结合具体教学活动设计,描述教法运用效果和学法指导成效,预测教学目标的落实情况（6分） 6. 阐述过程设计的科学性和理论依据充分（6分）	A（36～40） B（32～35） C（28～31） D（28分以下）	
教师素质（10分）	1. 语言规范,富有表现力；流畅,逻辑性强（5分） 2. 教态自然,举止大方（5分）	A（9～10） B（7～8） C（5～6） D（5分以下）	
总评（定性评价意见）			

等级对照：优秀为90～100分,良好为80～89分,中等为70～79分,合格为60～69分,不合格为60分以下。

表4-2　幼师毕业生说课比赛评价表

项　　目		评　分　内　容	分值	得分
说课（90分）	理念与目标	1. 体现《幼儿园教育指导纲要（试行）》《3—6岁儿童学习与发展指南》精神,符合其要求（5分） 2. 对教学内容的特点、作用及其与幼儿的适宜性情况等分析到位（7分） 3. 教学目标明确、具体,表述角度一致,涵盖认知、能力、情感态度等维度,符合幼儿年龄特点（8分） 4. 重、难点确定准确,依据充分（5分）	25	
	内容与过程	1. 活动设计有新意,结构完整（8分） 2. 活动环节围绕目标设计,重点突出,层次清晰,安排合理,符合幼儿认知规律；充分体现幼儿的主体地位（7分） 3. 对教学方法、手段运用、目标落实、重难点的解决及师幼双边活动的组织等方面阐述清晰（12分） 4. 恰当说明活动过程设计的理论依据（8分）	35	

（续表）

项　目		评　分　内　容	分值	得分
说课 （90分）	教学方法与 手段	1. 活动准备充分，教具学具选择有利于达成活动目标，对活动准备情况及其依据的分析合理（5分） 2. 以游戏为基本活动形式，教学方法和手段符合幼儿年龄、教学内容需要（6分） 3. 灵活采用集体、小组、区域等多样的教学组织形式，注重幼儿兴趣、情感培养，注重幼儿探究体验（5分） 4. 阐述选择教学方法的依据充分（4分）	20	
	表达与展示	1. 普通话标准，教态自然、大方、得体，口语、态势语的表达符合儿童化口语要求，易于幼儿接受 2. 展示能体现幼儿教师的专业素养和基本能力 3. 多媒体课件恰当辅助了说课	10	
答辩（10分）		紧扣主题、语言流畅、思路敏捷	10	

表4-3　全国职业院校学前教育专业教育技能比赛说课评分标准

项目	内容	评　分　标　准	分值	
说课 （20分）	说内容	1. 能结合主题网络图、根据幼儿年龄特征和发展水平阐述内容选择的理由 2. 能正确分析、理解教学活动内容（素材），在客观分析幼儿的发展状况和已有经验的基础上，充分挖掘教材的价值，选取适合幼儿学习的内容	4	
	说目标	1. 阐述目标的具体内容并说明目标制定的理由和依据 2. 准确把握重点和难点，说明确定重难点的理由和解决重难点的方法与策略	4	
	说过程和方法	能清晰说明各环节的设计与目标达成的关系	3	8
		能清楚阐述主要的教学方法及选用的理由	3	
		合理设计，准确预估教学效果，措施得当，应变性强	2	
	现场表现	1. 仪表大方，举止文雅，表情自然、丰富，有亲和力 2. 语言规范，条理清楚，逻辑性强，表达流畅，有感染力 3. 时间把握准确（超时相应扣分）	4	
评分分档	思路清晰合理，符合领域特点和幼儿特点		18～20	
	思路较清晰合理，基本符合领域特点和幼儿特点		15～17.9	
	思路清晰合理欠缺，不太符合领域特点和幼儿特点		12～14.9	
	该项未完成		0～11.9	

岗课赛证

1. 说课评价包括哪些方面的内容？
2. 在小组内进行说课，对照评价表4-1进行说课自评和互评。
3. 阅读下面评价资料，思考并改进说课。

一次对幼师生毕业说课情况的评价

整体来看，本届学生学习态度认真，按要求进行了课件辅助说课并整理成文件夹；学生基本掌握了说课流程，能从教材、目标、准备、教学方法、活动过程、活动延伸等方面阐述；说课内容基本完整；说课内容选择也较为合适，年龄班定位较为准确；学生也能自信、大方地站在讲台前阐述说课内容。但是，本次说课也存在很多不足，有待今后进一步完善、提高。

1. 教学活动设计能力有待加强

设计不好课就无法说好课。说课中所说"怎么教"这部分内容展现出的是学生设计教学活动的水平。说课时，发现学生在教学设计方面存在一些问题。如教学目标定位有失偏颇，对教学的重难点把握也不到位。有些学生分不清活动过程和活动延伸的关系，活动过程中未很好体现幼儿主体地位，活动过程设计无法达到活动目标等。

2. 说课中的说"理"部分缺乏针对性

说课中学生所说理论比较空洞，体现在说理不准、说理不实。如对理论该运用在哪一部分认识不清楚，只要是《纲要》中的话就拿来运用。有的学生说社会领域时阐述的是《纲要》科学领域的要求。说课不实体现在言之无物。如罗列很多教育家的名言。归根结底，是学生理论功底薄弱造成的，今后要加强学生教育教学理论的学习。

3. 说课内容未真正内化为个人的认识

本次说课，有的学生说的是自己设计的教学活动，也有的是从网上下载的说课稿。在网络时代，可以借鉴别人优秀的说课成果，但是，不能囫囵吞枣。如有学生把说课稿打印出来或把文字粘贴在课件上，照本宣科。由此看出，学生对说课内容并未消化、吸收。准备说课时，必须要深入、用心分析说课内容，充分备课，对说课内容做到懂、会、熟。懂，即懂得教学内容中涉及的概念、原理，懂幼儿的年龄特点、认知水平；会，即会演示示范；熟，即对说课内容融会贯通。

4. 说课中对课件使用和制作存在认识和技术上的问题

本次说课反映出学生在课件制作及使用方面存在认识和技术上的问题。说课使用课件的目的是让听者能够更清晰、系统地了解说课者所要讲的主要内容。但有的学生把读PPT当作说课，说课过程就是照着课件念一遍。另外，在制作技术方面，存在着课件背景颜色暗深、背景花哨、字小、字多、行距小等问题，导致PPT作用得不到有效发挥。此外，课件上还出现错别字、表达不规范等问题。

第五单元　幼儿园说课案例

单元结构

教学课件

健康领域
- 中班健康活动："小口罩大作用"说课
- 大班健康活动："我该换牙了"说课
- 大班体育活动："过桥"说课

语言领域
- 小班语言活动："小老鼠打电话"说课
- 中班语言活动："熊和鸟窝"说课
- 中班语言活动："伞"说课

幼儿园说课案例

社会领域
- 中班社会活动："光盘行动"说课
- 大班社会活动："快乐的中秋节"说课
- 大班社会活动："合作真快乐"说课

科学领域
- 中班科学活动："磁铁找朋友"说课
- 大班科学活动："我会制造风"说课
- 中班数学活动："生活中的数字"说课
- 大班数学活动："好玩的跳舞毯"说课

艺术领域
- 大班音乐欣赏活动："吉祥三宝"说课
- 大班绘画活动："奔跑的马"说课
- 大班韵律活动："筷子舞"说课

第一课　健康领域

案例　中班健康活动

"小口罩大作用" 说课

一、说设计思路

冬季是传染病高发期，做好自我防护，是避免病毒传播的重要手段。其中，正确佩戴、使用口罩也是幼儿需要掌握的避免病毒传播的重要手段。但在调查与观察中发现，部分幼儿不能正确地佩戴口罩。《指南》和《纲要》中都提到，幼儿园教师要结合生活实际对幼儿进行安全、保健教育，帮助幼儿养成良好的生活与卫生习惯，提高其自我保护能力。中班幼儿已经有了一定的卫生常识，因此本次活动通过多种形式，进一步增强幼儿健康意识和自我保护意识，不断丰富幼儿经验，提高其自我保护能力。

二、说活动目标

依据《纲要》中的要求，结合中班幼儿的年龄特点，制定了以下活动目标。

1. 了解口罩有隔绝病毒的作用，知道正确佩戴口罩可以保护自己。

2. 掌握正确佩戴口罩的方法。

3. 增强自我保护意识，愿意主动佩戴口罩。

在目标中，"了解口罩有隔绝病毒的作用，知道正确佩戴口罩可以保护自己"是活动重点；"掌握正确佩戴口罩的方法"是活动难点。

三、说活动准备

充分的活动准备是活动顺利进行的关键，本次活动准备包括两个方面。

1. 经验准备

幼儿已经认识口罩的样子，知道近期外出需要佩戴口罩。

2. 物质准备

大街上人们佩戴口罩的图片及不佩戴口罩的图片，口罩若干（成人及儿童样式），自制"病毒"玩偶一个（玩偶嘴中藏有火龙果汁水），佩戴口罩步骤图。

四、说教学方法

遵循以教师为主导、幼儿为主体、活动为主线的教学原则，本次活动主要采用观察法、讨论法和实验法。

1. 观察法

根据幼儿以形象思维为主的特点,通过形象生动的照片,引导幼儿观察人们佩戴口罩和不佩戴口罩的图片的区别,引发学习兴趣。

2. 讨论法

讨论的过程是幼儿创造性地使用语言、进行逻辑思维并提升语言表达能力的重要途径,教师需要创设轻松、愉悦、自由的交往环境,让幼儿在讨论的过程中积极表达,得出自己的观点。

3. 实验法

在教师的帮助和指导下,通过模拟和实验,让幼儿体验口罩对病毒有阻挡的效果,使幼儿获得口罩有隔绝病毒作用的经验。

五、说活动过程

根据活动内容以及幼儿的认知基础,围绕活动目标,设计了以下教学环节。

1. 观察图片,引出主题

出示大街上人们佩戴口罩和不佩戴口罩的图片,请幼儿通过观察回答问题,吸引幼儿的注意力,激发幼儿回答问题的兴趣,从而顺利进入下一教学环节。

师:小朋友们,你们有没有发现这两幅图片有什么不同?

幼儿发现:第一幅图大街上的人们都没有戴口罩,第二幅图片大街上的叔叔阿姨,还有小朋友们都戴上了口罩。

师:为什么大家要戴口罩呢?(引导幼儿讨论近期戴口罩的原因)

结合幼儿的回答进行总结:因为最近我们的生活中出现了一种新型冠状病毒,这个"小东西"会通过我们的鼻子和嘴巴悄悄溜进我们的身体里,然后在我们身体里捣乱,使我们咳嗽、发烧,感觉非常不舒服,这样我们就会生病。所以只有遮住了鼻子和嘴巴,可恶的病毒才能够被挡在外面。

本环节通过创设情景提出问题,引导幼儿思考戴口罩的原因,激发其活动兴趣。

2. 交流体验,感知作用

本环节通过自由交流和体验,分两步完成活动任务。

环节1:提出问题,交流口罩的作用。

我会提出以下两个问题:

问题1:如果不戴口罩,别人在离你很近的地方打喷嚏,从他嘴巴里跑出来的"病毒"会怎么样?

问题2:你们觉得口罩能够挡住病毒吗?

本环节,通过设置悬念,激发幼儿的探究兴趣,为接下来幼儿感知口罩的作用做铺垫。

环节2：体验互动，感知口罩的作用

教师拿出"病毒小恶魔"的玩偶，请四名幼儿上前体验。

师：小朋友们，"病毒"很狡猾，会偷偷地藏在我们身边。看，这个圆滚滚的就是放大后的"病毒小恶魔"。现在老师用这个"病毒小恶魔"进行一个小实验，需要四名小朋友的帮助，哪名小朋友愿意上来呢？（随机挑选四名小朋友，为其中两名戴上口罩）

接下来，我用"病毒小恶魔"去碰每名幼儿的鼻子附近和嘴巴附近，不戴口罩的幼儿鼻子和嘴巴附近会被沾上汁水，戴口罩的幼儿汁水则会被沾在口罩的外侧。

随后我会提出问题：

问题1：请小朋友们仔细观察，这几名小朋友被"病毒小恶魔"碰了以后发生了什么事？

问题2：请戴口罩的两名小朋友取下口罩，小朋友们再观察一下，又发现了什么？

结合幼儿的回答进行总结：小朋友都发现了，这四名小朋友被"病毒小恶魔"碰过后，不戴口罩的两名小朋友，嘴巴和鼻子附近都沾上了病毒，这样病毒很容易进到鼻子或者嘴巴里边，让小朋友生病；而戴口罩的小朋友，鼻子和嘴巴因为有口罩的保护，没有沾到病毒，病毒也不会进到嘴巴和鼻子里边去。现在你们觉得，口罩能保护我们吗？

本环节通过模拟和实验，让幼儿体验口罩对病毒有阻挡的效果，使幼儿了解口罩有隔绝病毒的作用，知道戴口罩可以保护自己。同时，激发了幼儿的探究欲望，让幼儿在直接感知和亲身体验中获得了新的认知，从而解决了本次活动的重点。

3.分步讲解，示范模仿

我将通过展示佩戴口罩的步骤图，一边讲解一边示范，使幼儿掌握正确佩戴口罩的方法。

师：出门前要戴口罩。我们要洗洗手拿口罩，分辨上下和内外，小绳拉开挂耳朵，上边贴紧小鼻梁，下边贴紧小下巴，最后固定鼻梁处。口罩就戴好啦！小朋友们要注意，我们在摘口罩时要捏住小带子，轻轻地脱下，丢到垃圾桶后要去洗手。

接下来，幼儿以学习口罩儿歌的形式，通过观察、模仿，学会独自完成佩戴口罩的正确方法。我会边念儿歌，边做动作，请幼儿模仿。

儿歌《口罩歌》

出门前，洗洗手，取口罩，戴口罩，

小绳子，挂耳朵，大棉布，盖口鼻，

按一按，小鼻子，拉一拉，小下巴，

戴上口罩很安全，病毒全都挡住了。

接下来，我会带领孩子再次一同边念儿歌边完成戴口罩的步骤，帮助幼儿牢记口罩的佩戴方法。

本环节,我结合儿歌,调动幼儿多个感觉器官的参与,让幼儿在操作中学会佩戴口罩的正确方法,并将新经验内化,润物无声地完成了活动目标,解决了本次活动的难点。同时,也让幼儿在活动中感受到了快乐。

4.引导总结,拓展结束

最后,我将围绕活动,引导幼儿一同进行归纳和总结。

师:刚才我们都学会了戴口罩的正确方法,病毒很狡猾,会藏在我们看不到的地方。所以小朋友们在以后外出的时候,一定要佩戴口罩,而且要检查自己的小口罩有没有戴好,这样病毒才不会入侵我们的身体。当然,我们在摘掉口罩的时候,小手也不能碰到口罩的外面,不然沾在口罩外面的病毒就会跑到我们的小手上,我们应该轻轻捏住口罩的小带子,丢进口罩专用垃圾桶,然后用七步洗手法洗洗手哟!让我们一起做个能保护自己的好孩子!

六、说活动延伸

1. 开展美术活动"我设计的小口罩",激发幼儿的好奇心和探究欲望,提高幼儿自主创新的能力。

2. 离园前带领幼儿按照正确的步骤佩戴口罩。

(本说课稿由殷文靖设计)

案例 大班健康活动

"我该换牙了"说课

一、说设计思路

《纲要》中倡导:幼儿园健康教育是要根据幼儿身心发展特点,通过适宜有效的多种活动,提高幼儿的健康认识水平,培养幼儿的健康行为,最终使幼儿形成健康的生活方式。换牙对于幼儿来说是成长的标志,大班幼儿正处于换牙期,但是他们对换牙并不了解,很多幼儿既好奇又害怕,而且由于生活水平的提高,很多孩子常吃甜食,却没有保护好乳牙,导致了蛀牙。因此,在换牙初期,学习保护新长出的牙齿就显得非常重要。为此,我设计了这个教学活动,让幼儿了解换牙是一种正常生理现象,学习保护牙齿的方法,为养成健康的生活方式打下良好基础。

二、说活动目标

根据大班幼儿逻辑思维能力已经萌芽的年龄特点和对活动的整体考虑,制定了以下活动目标。

1. 知道换牙是一种正常的生理现象,不用害怕

对换牙形成正确的认识,消除幼儿的疑虑和恐惧是首先要完成的目标。

2. 学习保护新长出牙齿的方法,养成良好的口腔卫生习惯

健康生活方式的形成是健康教育活动的出发点和归宿。因此,这个目标是活动的重难点。

3. 体会牙齿健康对身体的重要性

体会到牙齿健康的重要性,是养成良好口腔卫生习惯的动力。

三、说活动准备

围绕活动目标,进行了如下活动准备。

1. 经验准备

活动前进行幼儿换牙调查,了解幼儿换牙情况。给幼儿发"换牙记录表"一张,让幼儿记录自己的换牙情况。

2. 材料准备

保护牙齿的图片、幻灯片若干张。

四、说教学方法

根据本次活动目标、内容及大班幼儿年龄特点,我采用以下教学方法。

1. 讨论法

大班幼儿对牙齿已经具备一定的知识经验,且逻辑思维能力有所发展。因此,我组织幼儿积极参与讨论换牙的话题,提高其语言表达能力和思维能力。

2. 感知体验法

让幼儿说一说自己的换牙经历,亲眼看一看身边小朋友的换牙情况,有助于激发幼儿探索、学习的兴趣。

五、说活动过程

1. 讲述故事,引入课题

我给幼儿讲一个简短的小故事《多多的牙齿》,大概情节是:多多是幼儿园大班的小朋友,一天中午,多多正在幼儿园吃饭,突然,多多两只手捂着嘴"哎哟哎哟"地叫起来。原来多多的牙齿松动了,快要掉了,刚才他吃饭不小心碰到牙齿,疼得忍不住叫起来。

师:多多的牙齿怎么了? 好好的牙齿怎么会掉下来呢?（引发幼儿讨论换牙的话题,从而自然导入活动,激发起幼儿的好奇心）

2. 找一找"谁换牙了"

（1）出示调查表,请幼儿将自己的换牙记录卡片贴出来

调查表主要是对班上幼儿现阶段换牙情况的一个了解,每个幼儿都参与,把自己的换牙记录卡片贴到指定的位置。

（2）引导幼儿相互观察

让幼儿认真观察记录卡片,了解身边小朋友的换牙情况。引导幼儿看一看换牙小朋友的牙齿,使幼儿获得对换牙的直接认识。

（3）说一说换牙情况

在幼儿充分观察后,教师提出问题:谁换牙了? 换了几颗牙? 谁还没有换牙? 为什么小朋友换牙的数量不同?

（4）统计换牙情况

这一步骤,我会请其他班的幼儿对我班幼儿换牙情况进行统计,使他们认识到换牙是很多小朋友成长过程中都会经历的事情。

3. 议一议:换牙的感受

（1）谈谈换牙的感受

我会请正在换牙的幼儿说说自己换牙时的感受。如换牙有什么不方便的地方,自己的牙齿是怎样掉落的,牙齿掉落时什么现象等。这一步骤的目的是让幼儿了解换牙出现的情况,知道换牙时不用害怕,完成目标1。

（2）了解换牙的卫生

这一步骤教师提出一些问题:如果你的牙齿松动了,能不能用手摇一摇它,让它快一点掉下来? 为什么? 有的小朋友喜欢用舌头舔刚长出来的牙齿,能不能这样做? 为什么?

让幼儿知道换牙时应该怎么做,掌握必要的换牙卫生知识。

4. 教师小结

换牙是正常现象,没有什么可怕的,说明小朋友长大了,被换掉的是乳牙,新长出的是恒牙,恒牙是要陪伴我们一生的。在换牙时,不要用舌头舔,不要用手摸,否则长出的牙齿不整齐了。

5. 说一说:怎样保护牙齿

这是本次活动的重点。我通过电教手段、讨论和观察等方法,让幼儿保持盎然的兴趣,引导幼儿积极讨论和交流保护牙齿的好方法,从而促进幼儿养成良好的个人卫生习惯和饮食习惯。

（1）健康的牙齿对我们的身体有什么用

我们不仅要让孩子们知道换牙是我们必须经历的一个过程,还要引导幼儿说一说一口健康的牙齿对我们的重要性。这是他们开动脑筋、想办法保护牙齿的动力。

（2）观看动画片,让幼儿了解如果有蛀牙,会带来什么样的困扰

师:小朋友知道了健康的牙齿对我们的身体很重要,那么你知道有什么保护牙齿的好方法吗?

（3）引导幼儿讨论如何保护牙齿

首先，我采用引导语导入本环节：既然牙齿健康对我们的身体很重要，而且如果恒牙不小心碰掉了，或者蛀掉了，就再也长不出新牙了，那很难受的，所以我们要保护好牙齿。

幼儿知道了健康的牙齿对我们的身体的重要性，从而加深了对牙齿的认识，更加深了对爱护、保护牙齿必要性的认识。而大班幼儿对牙齿已经具备一定的相关知识经验，所以能说出很多日常生活中保护牙齿的好办法，为养成良好的口腔卫生习惯奠定基础。

（4）教师和幼儿一起总结保护牙齿的好方法

有检查牙齿、早晚刷牙、用正确的方法刷牙、饭后漱口、选择合适的牙刷和牙膏、不咬硬物、不多吃糖、不用手摸等，帮助幼儿整理知识、提升思维。

六、说活动延伸

我设计的活动延伸是采取家园共育的方法。请家长为孩子选择他们喜欢的牙刷、牙膏，培养幼儿对刷牙的兴趣，帮助幼儿养成早晚刷牙及饭后漱口的卫生习惯。

（本说课稿由姚素慧设计）

案例　大班体育活动

"过桥"说课

一、说设计思路

《纲要》指出，要"开展丰富多彩的户外游戏和体育活动，培养幼儿参加体育活动的兴趣和习惯，能增强体质，提高对环境的适应能力"。平衡是幼儿通过体育锻炼活动练习的基本动作。采用幼儿喜欢的方法提高其平衡能力、机体的协调性和灵活性，进而提高幼儿运动水平，促进其基本动作的发展，是幼儿园体育锻炼活动的重要目标。

说课视频

过桥

大班幼儿已能够顺利通过一定高度、宽度的平衡木，但是身体的平衡性还有很大的进步空间。因此，我设计了本次活动。改变平衡木的高度和宽度，以及手持一些物品来提高幼儿通过平衡木的难度，通过反复练习提高幼儿的平衡能力及身体协调运动能力。

二、说活动目标

《指南》中指出，5～6岁幼儿具有一定的平衡力，动作协调、灵敏。结合大班幼儿的年龄特点，本次活动目标定为以下两条。

1. 知道在更窄的平衡木上保持稳定的方法,练习在不同宽度和高度的平衡木上行走,提高身体的平衡和协调能力

幼儿园体育锻炼活动的重要目标是促进幼儿基本动作的发展,这是实现增强体质的体育锻炼活动终极目标的基础。

2. 有战胜困难的勇气,体验户外体育活动的快乐

幼儿在活动中体验户外体育活动的快乐,萌发体育锻炼活动的兴趣是幼儿园体育锻炼活动的基本目标之一。因此大胆尝试在不同宽度和高度的平衡木上行走,提高身体的平衡和协调能力是活动重点。活动难点是能够控制身体安全、快速走平衡木。

三、说活动准备

1. 经验准备

幼儿具备一定的走平衡木的经验。

2. 物质准备

（1）宽20厘米、高30厘米的平衡木8个,宽15厘米、高30厘米的平衡木4个。

（2）水果、大南瓜等教具若干,直径35厘米的龙球或羊角球若干。

（3）小兔、"棒棒哒"和"下次努力"的小贴画。

（4）《健康歌》的音频及舒缓的音乐。

四、说教学方法

1. 游戏法

游戏是幼儿最喜欢的活动。在活动过程中,创设游戏情境,将枯燥的平衡练习转为不同难度的过桥游戏,使幼儿始终以盎然的兴趣参与到练习中,以实现活动目标。

2. 练习法

身体练习是体育锻炼最基本,也是最重要的手段。在活动过程中,幼儿在游戏情境中多次重复地在不同宽度的平衡木上练习行走的基本动作,能够促进身体协调性、灵活性和平衡能力的发展。

3. 讨论法

为了增强自主能力,在活动中幼儿尝试练习,并与伙伴和老师讨论,总结如何过不同高度、宽度平衡木的方法。

五、说活动过程

接下来我详细介绍活动过程。

1. 热身活动,情境导入

首先是热身部分。教师带领幼儿跟随《健康歌》的音乐做热身运动。接下来创设情境导入活动。

教师带领幼儿到已经摆放好的平衡木前，扮演兔妈妈创设游戏情境："孩子们，昨天下了场大雨，小马家门前的路都被淹了，需要我们搭起独木桥，给小马一家运送一些食物和用品。但是我们要安全地过桥，就要先掌握保持身体平衡安全过桥的方法。"随后教师分发小兔贴画，帮幼儿更快、更好地融入游戏。

热身运动是开展体育锻炼必不可少的环节。在主体活动开始前，幼儿在热身活动中，舒展筋骨，活动各关节，活动能力得到提高，从生理和心理上为活动的开展做好准备。直接创设情境，用幼儿喜欢的动物形象，以及简单的情节，激发幼儿参与活动兴趣，同时避免过长时间的导入，影响了热身的效果。

2. 自由练习，掌握方法

本环节是活动的重点环节之一，共分为四个教学步骤。

（1）介绍路线，自主思考

教师带领幼儿到两组高低、宽窄不同的平衡木前。

师：孩子们，要到达小马家，需要过两座独木桥，所以我们要先练习安全通过独木桥的本领。这两座桥高低、宽窄都不同，那么我们要怎么做才能顺利、安全地通过独木桥呢？

幼儿自主思考过桥技巧，有助于幼儿主动思考，寻找解决问题的办法。

（2）自由探索，进行尝试

接着组织幼儿自由选择不同高度、宽度的平衡木，有顺序地探索过独木桥的方法。幼儿可以重复在一个平衡木上练习，可以走过一个平衡木后，去其他的平衡木前排队练习。教师观察幼儿的运动情况，适时帮助幼儿，并在必要的时候组织幼儿排队。

在这一环节中，幼儿自主探索尝试，这是幼儿获得知识和技能，学习解决问题的最佳途径。同时，教师观察幼儿的练习情况，为下一步总结提升幼儿经验做好准备。

（3）交流讨论，总结经验

在幼儿自由练习一会儿后，将幼儿集中，总结经验："小兔子们先来妈妈这里。我想问一问刚才大家遇到了哪些问题？怎样才能顺利通过独木桥？"

幼儿分别讲述自己的方法。最后，由教师将幼儿的经验整理提升：可以通过"双手打开—看向前方—控制身体"，平稳而安全地过独木桥。

（4）再次练习，掌握方法

再次组织幼儿依照总结经验，练习过独木桥。在这个过程中，重点关注自由练习时一直在高度较低、宽度较宽的平衡木上练习的幼儿。必要时，请这部分幼儿多练习几次，以确保每个幼儿都能顺利通过两组不同高度的平衡木。

通过"实践—总结经验—再实践"的方式，总结过平衡木的动作要领，掌握在不同高度和宽度平衡木上行走的基本动作，从而初步完成目标1。同时确保全体幼儿都能在不同宽度和高度的平衡木上行走。此时幼儿的运动状态呈上升状，为接下来的游戏打下基础。

3. 参与游戏,加强练习

第一步,参与游戏,练习动作。

师:刚才小兔们都在很努力地练习本领,我看大家都能安全地过桥了,那现在我们要出发喽。

接下来教师讲解游戏规则:排成两队,每只小兔子每次先拿1～2个水果,送去小马家。一只小兔下桥后,第二只小兔再上桥,不能掉下桥,如果掉下去就要回到队尾等候重新过。(课件中用图片演示摆好的独木桥路径;分成两组,每一组的平衡桥为"宽+窄+宽")

第二步,游戏升级,巩固练习。

幼儿开始游戏。幼儿循环练习约十分钟。

师:小兔子们,来妈妈这里,这一次呀,我们要给小马家运送一些新的物资了(运送较大的东西),但是这些东西,你们一只手拿不住,需要你们自己想想办法,既要把东西运送到小马家,还要安全地过桥哟!

之后幼儿开始运送较大的东西,过独木桥,在游戏中自主想办法。

因为运送较大物品,增加了幼儿过平衡桥的干扰项,过桥速度会变慢,所以将平衡桥的组合变为"宽桥+窄桥",并分成四组,游戏规则不变。

幼儿游戏过程中教师观察幼儿,记录不同幼儿过桥的方法以及问题,随时注意幼儿的安全情况。

本环节设置难度大的游戏,既适时激发幼儿活动的兴趣,又使幼儿循序渐进由易到难地练习动作,通过多次重复练习,提高身体协调及平衡能力,完成目标,并突破重点和难点。

4. 安全到家,放松身体

在游戏结束之后,教师总结、表扬幼儿在活动中的表现,并和幼儿一同总结运送大物品过桥的方法。之后带领幼儿随着舒缓的音乐捶腿、散步,放松身体,由运动状态逐渐恢复到相对平静的状态。最后教师带领幼儿将运动器械送回器械存放室,促进幼儿形成良好的秩序感。

六、说活动延伸

幼儿在其他户外活动时间,或回家后在家中、小区或者公园里寻找类似可以替代的平衡木,和爸爸妈妈一起玩走平衡木的游戏以巩固技能。在生活中,时时处处享受运动的快乐,并养成运动的习惯。

(本说课稿由李铮设计)

第二课　语言领域

案例　小班语言活动

"小·老鼠打电话"说课

一、说设计思路

　　打电话是人们生活中不可缺少的联系方式。在日常生活和游戏中，小班幼儿时常会模仿成人打电话。但由于他们年龄小，词汇贫乏，不知道打电话要使用礼貌语言，不知道先介绍自己是谁，说话语无伦次，难以达到顺利沟通的效果，更缺乏主动倾听的意识。《纲要》中提倡幼儿园应以游戏为基本活动形式。我设计了本次语言游戏活动"小老鼠打电话"。内容贴近幼儿生活，形象鲜明突出，游戏化的语言易于小班幼儿模仿和学习，非常符合小班幼儿的年龄特点。

二、说活动目标

　　小班幼儿语汇积累较少，不会合理使用礼貌用语，缺乏倾听的意识。他们语言表达能力不完整，语音不清晰，注意力容易分散，以无意注意为主。根据小班幼儿的认知水平，本次活动的目标是这样确定的：

　　1. 乐意与人交谈，学习使用简单的礼貌用语。

　　2. 学会倾听，养成初步的游戏规则意识。

　　重难点：小班幼儿语汇积累较少，不会合理使用礼貌用语，语言表达不完整。因此，通过游戏引导幼儿交谈并学习使用简单的礼貌用语是本次活动的重点。小班幼儿处在规则游戏发展的初级阶段，他们没有规则意识，所以把活动的难点定为：养成初步的游戏规则意识。

三、说活动准备

　　在教学准备方面，采用家园共育的方法，让家长帮助幼儿认识和了解电话，丰富幼儿的打电话经验。在活动室创设小老鼠的家的场景，挂上小老鼠的照片，放上娃娃家的用具和电话一部。另外，准备小老鼠和小松鼠的头饰，准备玩具电话机。

　　环境赋予幼儿的影响作用十分显著，以上准备目的在于帮助幼儿进入游戏氛围，明确游戏角色。

四、说教学方法

本次教学运用的主要教学方法有游戏法、示范法、讲解法。

1. 游戏法

让幼儿在轻松、愉快的游戏氛围中,充分地表现自我,大胆说话。充分体现《纲要》中提出的"语言能力是在运用的过程中发展起来"的精神实质。

2. 示范法

通过教师示范游戏,为幼儿提供具体模仿的范例。

3. 讲解法

教师示范的同时,辅以讲解。通过讲解游戏规则,使幼儿明白游戏的玩法,从而使活动顺利开展。

五、说活动过程

1. 听儿歌,导入活动

教学开始,我请幼儿听一首儿歌:"小老鼠打电话,约来朋友过家家,喂喂喂,你好呀,请你到我家来做客。"之后,提出问题:"小朋友,谁会到小老鼠家做客呢? 我们一起去小老鼠家里看一看吧。"通过说儿歌,既让幼儿感知了游戏内容,同时也激发了幼儿的学习兴趣。

2. 介绍游戏玩法

教师出示小老鼠和小松鼠的头饰,让幼儿自主选择想要扮演的角色头饰,选好后按角色分为两组,使教学显得更为生动活泼。接下来,请一名幼儿与教师一起示范游戏玩法。教师戴上小老鼠头饰,幼儿戴上小松鼠头饰,表演小老鼠邀请小松鼠做客的情景。

师:小老鼠,打电话,5、4、3、2、6、7、8,铃铃铃,你好呀,小松鼠,今天请你来我家做客,好吗?

幼儿:谢谢你,小老鼠,马上就到你的家。

师:再见,小松鼠。

幼儿:再见,小老鼠。

通过教师和小朋友的情境表演,使幼儿理解游戏的基本内容。小班幼儿生活经验有限,教师应根据幼儿打电话时有可能出现的问题,在讲解游戏玩法的基础上,通过提问来强调游戏规则。例如:"小朋友们,小松鼠接到电话后,是怎么回答的?"通过提问,结合示范让幼儿了解游戏的规则和玩法,从而突破活动难点。

3. 幼儿自主游戏

幼儿熟悉游戏内容、玩法和规则后,进入自主游戏阶段。教师带领幼儿一起玩"打电话"的游戏。幼儿掌握游戏的玩法后,教师组织幼儿自由结合进行练习。启发幼儿想一想"在哪儿"与"干什么"的内容,编入游戏进行对话。也可提供具体的情景,"如果你过生日，想打电话约好朋友，你会怎么说呢？"在活动中，教师是观察者和指导者，适时参与和调节幼儿出现的矛盾和纠纷。要督促幼儿遵守游戏规则，如果因为幼儿玩得兴奋，忘了拿着电话说，要给予提醒。

这一环节采用的是游戏法。小班幼儿处于典型角色游戏的发展期，活动中，以幼儿自主参与为主，充分调动幼儿学习积极性，进一步巩固本次活动的重难点。

4. 游戏评价

我通过评价游戏结束教学活动。表扬参加游戏、遵守规则的小朋友，正确使用礼貌用语的小朋友，对正确、规范的语言要加以肯定。

六、说活动延伸

《纲要》中提出：发展幼儿语言的关键是创设一个能使他们想说、敢说、喜欢说、有机会说并能得到积极应答的环境。我将在娃娃家中多投放小电话，给幼儿提供打电话的环境和机会，让幼儿在平时的游戏中继续"打电话"。

（本说课稿由吕岚设计）

案例　中班语言活动

"熊和鸟窝"说课

一、说设计思路

排图讲述是一种创造性的讲述，是启发幼儿在观察图片、理解图意的基础上用恰当的词句表达图意的一种活动，也是发展幼儿口语表达能力的重要形式。这种活动的特点在于所给的图片可以按不同的顺序排列，从而讲出不同的故事。在中班进行排图讲述活动，是对幼儿各方面素质发展的巩固和深化，无论从孩子的情感、态度、能力的培养，还是智力发展、知识建构方面，都起着承上启下的作用。

我设计这个排图讲述活动，目的是让幼儿通过观察、理解，发挥想象，按照不同的排序方法，创编不同情节的故事，着重培养幼儿感知理解讲述对象、独立构思、清楚完整表述等方面的能力。

活动设计根据中班幼儿的年龄特点，以富有童趣的"故事小精灵"为主线，用"讲故事比赛"贯穿整个活动。这样能带给幼儿很大的想象空间，激发幼儿大胆讲述的欲望。

二、说活动目标

结合中班幼儿的年龄特点和语言发展水平，制定以下目标。

1. 仔细观察图片,感受理解图片内容。

2. 能按自己的理解和想象排列图片,并尝试完整连贯地讲述。

3. 乐意参与讲述活动。

重点:幼儿按自己理解和想象的事件发展顺序,尝试排列图片并连贯讲述。依据是:老师要引导孩子理解一个完整的故事,要有时间、地点、人物、发展变化等要素,以此方法来解决重点,既不限制孩子,也教给孩子编故事的方法,构建可持续发展的知识基础。

难点:幼儿用不同的排图顺序讲故事。通过组织幼儿观察图片、展开想象,幼儿之间相互交流各自的构思,最后通过完整讲述故事来展现故事内容。

三、说活动准备

1. 示范图4张,幼儿每人一套小图片(便于幼儿更直观地观察图片,方便排图活动的展开)。

2. 红黄蓝队标志,故事小精灵头饰,音乐,奖状(吸引幼儿的注意力,让幼儿对活动始终保持高度的热情)。

四、说教学方法

1. 观察法

因为幼儿期的思维特点是以形象思维为主,幼儿可以通过生动有趣的画面,直观地去理解故事内容,还可以提高学习的兴趣。排列图片顺序必须在观察的基础上,透彻地理解图片的内容,经过自己的分析判断来完成,所以我采用"观察法"。

2. 讲述法

讲述的过程是幼儿创造性地运用语言,提高语言表达能力的过程,需要创造一个自由、宽松的语言交往环境,支持、鼓励、吸引幼儿与老师、同伴间的积极交流,充分解放幼儿的大脑和嘴巴,让幼儿想说、敢说、喜欢说、有机会说,并积极地应答、评价,所以我采用"讲述法"。

3. 练习法

在教师的帮助辅导下,通过多次重复的练习讲述,使幼儿熟练地掌握故事内容,在此基础上排列讲述出更多有趣的故事。我将通过"讲故事比赛"来加深孩子对此故事的印象。

4. 示范法

开阔幼儿的思路,同时起到榜样示范的作用。

接下来详细介绍活动过程设计。

五、说活动过程

环节1:教师扮演"故事小精灵"导入活动

将幼儿分成红、黄、蓝队,我会这样引导孩子:"红、黄、蓝队的小朋友们,大家好,我是故事小精灵,今天我们森林里要举办一个'讲故事比赛',你们想参加吗?看哪一队讲得最好。小精灵是有奖励的!"好的开始是成功的一半,这样的导入能激发幼儿的兴趣,有效地吸引幼儿的注意力。实现了目标中乐意参与讲述活动的要求。

环节2：引导幼儿观察图片并大胆讲述

（1）（小熊爬上树放鸟窝）"我们一起来看看图上有谁?它在干什么?是在什么时间、什么地点发生的事情?"该环节让幼儿了解故事的基本要素,重点引导幼儿说出故事发生的时间、地点、人物和事件。

（2）（小熊被鸟窝砸中脑袋）"小熊怎么了?是什么东西砸着小熊的脑袋了?"启发幼儿动脑筋,发散幼儿思维。着重引导幼儿讲述小熊的心情,请幼儿模仿难过的表情。通过这种方式让幼儿更深刻地体会图中小熊的情感。

（3）（忽然刮起大风）提问:"看看天气怎么样?你是怎么看出来的?小熊在树下干什么?"

（4）（小熊在树下美美地睡觉）问:"小熊在什么地方?干什么呢?周围的环境是怎么样的?"着重引导幼儿观察图中的景物。该环节有助于培养幼儿的观察力,理解讲述对象,以便为讲述故事打好基础。

这一环节运用观察法,实现了目标中仔细观察图片,感受理解图片内容的要求。

环节3：幼儿排图讲故事

我引导幼儿思考:"请小朋友看一看你桌上的小图片,排一排,可以随便排列图片,然后把故事讲给大家听。"语言是在交流中发展起来的,同伴交流不仅能提高幼儿的语言表达能力,还有助于促进幼儿同伴间的关系。教师随时注意观察幼儿,了解幼儿的情况,帮助幼儿理顺故事情节,及时纠正幼儿语句不通和用词不当的现象,引导幼儿运用适当的动词讲述故事。教师在观察、倾听孩子讲述的时候,有目的地选择不同的排列方式。

环节4：讲故事比赛

幼儿上台排图讲述故事,红、黄、蓝队分别派出队员讲述。老师和幼儿一起评价。"大家觉得怎么样?谁讲得最好?"帮助幼儿归纳出这样的认识,故事的转折点在于"小熊做了一件什么事,这样做对吗?"启发幼儿了解故事中小熊的做法。

环节5：教师示范,总结提升

"小朋友们的故事讲得真好,小精灵也蠢蠢欲动想给大家讲个故事了。"教师完整讲述故事。这个环节我通过示范总结让幼儿明白:图片有多种排列方法,可以编出许多不同的故事这一道理。这是对幼儿思维能力的提升。

六、说活动延伸

在表演区投放树、小熊头饰、鸟窝。平时游戏时,让幼儿按照几种不同的故事情节进行表演,满足幼儿表演的欲望。

（本说课稿由张启芬设计）

案例 中班语言活动

"伞"说课

一、说设计思路

本节活动源于在美工区的一次观察和发现,老师在美工区投放了许多操作材料和图案,发现孩子们对伞的图案和造型特别感兴趣,并乐于去装饰。于是,我班就围绕"伞"这一内容开展了系列活动。《指南》中指出,多给幼儿提供倾听和交谈的机会。本节活动来源于幼儿的生活,活动中,通过创设和伞有关的谈话情景,引出谈话话题;通过感知伞的多样性引导幼儿围绕话题自由交谈,同时,引导幼儿了解伞不仅是一种能够遮阳、挡风、避雨雪的工具,更是中国劳动人民的一个重要发明。中国是世界上最早发明雨伞的国家。

说课视频

伞

通过观看课件来拓展幼儿的谈话范围,展开其对大自然中伞的想象;通过观看妈妈为宝宝撑伞的照片,拓展、提供新的谈话经验——伞是妈妈的爱!在交流与表达中感受伞下的温暖与幸福。

二、说活动目标

根据《纲要》语言领域总目标和教学内容,我制定了适合中班幼儿最近发展区的三维目标。

1. 观看伞的实物和图片,能围绕伞进行谈话并了解伞的功能和种类。

2. 能展开对伞的想象和体验,大胆、清楚地表达自己对父母和身边好朋友的爱与感受。

3. 感受伞带来的幸福与甜蜜。

本次活动的重点是观看伞的实物和图片,能围绕伞进行谈话并了解伞的功能和种类;难点是能展开对伞的想象和体验,大胆、清楚地表达自己对父母和身边好朋友的爱与感受。

三、说活动准备

本次活动我做了以下准备。

1. 经验准备

幼儿有使用伞的经验。

2. 物质准备

收集各种不同种类、大小的伞,布置在活动场地四周,供幼儿观察和欣赏;有关伞的课件以及背景音乐。

四、说教学方法

1. 视、听、讲结合法

教师提供具体形象的实物让幼儿充分观察和欣赏，通过启发和提问，引导幼儿在感知理解的基础上，充分表达个人想法。

2. 观察法

幼儿通过观察感知伞的多样性，围绕大自然中的伞展开想象，在交流与表达中感受伞下的温暖与幸福。

五、说活动过程

环节1：创设谈话情景，引出谈话话题

我会这样引导幼儿：小朋友们看一看，今天老师给你们带来了什么？五颜六色的伞、各种各样的伞，我们一起来欣赏一下吧！

环节2：引导幼儿围绕伞的话题自由交谈，感知伞的多样性

（1）观察教室里的伞，说一说这些伞都是什么样子的，幼儿自由交谈。

（2）提问：你最喜欢其中的哪一把伞，为什么？

本环节小结：刚才小朋友欣赏了这么多伞，它们大小不一样，颜色不一样，用途不一样，造型也不一样呢。你们知道吗，我们中国可是世界上最早发明伞的国家呢，真自豪啊！

环节3：播放课件，拓展幼儿有关伞的谈话范围

（1）提问：小朋友们除了见过这些伞，还见过什么样的伞呢？

（2）组织幼儿边观看课件边讨论：还有哪些新奇的伞？

小结：伞的种类特别多，用途也不一样，有帽子伞、双人伞、遮阳伞、挡风伞，还有许多可爱的造型伞、折叠伞、自动伞。伞不仅可以遮阳、挡风，还能避雨呢！

（3）拓展幼儿对伞的想象：如果森林里的小动物也有一把伞，那会是什么样的伞呢？

例如：荷叶是小青蛙的伞，蘑菇是小蚂蚁的伞等。

小结：大自然中的小动物们也有伞，蘑菇是小蚂蚁的伞，小蚂蚁在花下躲躲雨；小荷叶是青蛙的伞，青蛙在荷叶下避避雨；树叶是小蜗牛的伞，小蜗牛在树叶下躲躲雨。

环节4：观看图片，提供新的谈话经验——妈妈的爱是伞

（1）观看雨中妈妈为孩子撑伞的照片。

我是这样引导的：接下来，老师还给小朋友带来了一张图片，这张图片或许会为你带来感动，或许会让你感到幸福，我们一起来看一看吧。

（2）幼儿讨论照片内容——伞是妈妈的爱。

提问：照片上有谁？妈妈在干什么？猜一猜妈妈和小朋友会说些什么呢？为什么妈

妈的爱像一把伞?

（3）幼儿结合生活经验说一说在生活中,妈妈是怎么保护自己和爱自己的。

本环节小结:伞,不仅为我们遮风、挡雨,还更像守护在我们身边的爸爸妈妈,在我们需要帮助和陪伴的时候,他们总会默默地出现在我们身边,伸出手来帮助我们。在生活中,这样的感动无处不在,一句叮咛,一声问候,一个微笑,都会让我们的心中升起一股暖流。

下面,就请小朋友和你的好朋友一起去找一把你们喜欢的伞,在伞下说一说悄悄话,表达你对爸爸妈妈和好朋友的爱吧!（播放背景音乐）

六、说活动延伸

在活动延伸环节,邀请幼儿以绘画记录的方式和好朋友共同记录伞下的故事,相互讲述并把这份爱带回家。

（本说课稿由河南省实验幼儿园焦瑞设计）

第三课　社会领域

案例　中班社会活动

"光盘行动"说课

一、说设计思路

《指南》在社会领域目标中提出:"遵守基本的行为规范,在提醒下能节约粮食、水电等。"结合《指南》目标,我设计了本次"光盘行动"的教学活动。希望通过本次"光盘行动"教学活动,让幼儿了解光盘行动的意义,知道粮食的来之不易,体会劳动人民的艰辛,从而养成不挑食、不浪费、珍惜每一粒粮食的良好习惯。同时,光盘行动来源于生活,既符合当今社会的现实需要,又有利于幼儿的长远发展。

二、说活动目标

根据《指南》中提出的总目标,结合本次活动内容以及中班幼儿的年龄特点,从认知、能力、情感三方面设计以下活动目标。

1. 知道光盘行动就是不浪费粮食,并懂得珍惜粮食。

2. 能够主动表达自己的想法并践行光盘行动。

3. 积极参与活动,养成节约粮食的好习惯。

《指南》中社会领域提出"幼儿在提醒下能节约粮食"的目标,结合本次活动目标以及幼儿的年龄特点,本次活动重难点确定为:

活动重点:知道光盘行动就是不浪费粮食,并懂得珍惜粮食。

活动难点:能够主动表达自己的想法,并践行光盘行动。

三、说活动准备

为保障本次活动的顺利实施,结合活动目标和活动内容,我做了以下教学准备。

1. 经验准备

幼儿前期听过古诗《悯农》,知道农民伯伯种粮食很辛苦。

2. 物质准备

故事《浪费粮食的小鸡》课件,吃货争霸赛以及沙画视频,农民伯伯种粮食过程的图片,笑脸和哭脸贴纸,生活中浪费和不浪费粮食的图片各两幅。

四、说教学方法

1. 谈话法

通过故事,引导幼儿园开展谈话,充分吸引幼儿的注意力,激发幼儿的学习兴趣。

2. 讨论法

引导幼儿进行小组讨论,体会农民伯伯劳作的辛苦,并懂得珍惜粮食。

3. 游戏法

为每一名幼儿分发表情贴纸,并出示白板,上面有生活中人们浪费粮食和珍惜粮食的图片各两张。请幼儿根据自己的判断将表情贴纸贴到相应图片上。用游戏的方法可增强活动的趣味性。

五、说活动过程

本着生活化和趣味性的教学设计原则,结合本次活动目标以及幼儿的年龄发展特点,本次活动过程确定为以下四个环节。

1. 故事导入,激起兴趣

本环节,通过故事导入,充分吸引幼儿的注意力,激发幼儿的学习兴趣。我会播放《浪费粮食的小鸡》的PPT课件,讲述故事内容并提出问题。

师:今天老师给小朋友们带来一个好听的故事《浪费粮食的小鸡》,小朋友们仔细听哟。

故事讲完之后，我会结合故事内容进行提问：故事中都有谁？发生了什么事情？为什么小鸡不再浪费粮食了？

幼儿讨论后，教师进行小结：小鸡一开始非常浪费粮食，但是小鸡知道农民伯伯种粮食很辛苦之后，能够及时改正自己的错误，不再浪费粮食，所以小鸡还是"好孩子"。

本环节通过故事导入，提出问题引导幼儿讨论和思考，激发幼儿参与活动兴趣，帮助幼儿初步了解粮食的来之不易，为接下来的环节做铺垫。

2. 讨论粮食，懂得珍惜

本环节，我会结合第一环节中的故事情境继续提问：小朋友们，故事讲完了，那么粮食是怎么得来的呢？

然后，引导幼儿进行小组讨论。幼儿讨论后，我会出示农民伯伯种植粮食的图片（插秧、浇水、除虫、收割等）并向幼儿介绍相关的知识，引导幼儿体会农民伯伯劳作的辛苦，懂得珍惜粮食。

接着，我提出问题：种粮食离不开农民伯伯的悉心照顾，农民伯伯都做了哪些事情呢？你做过农活吗？是轻松的，还是辛苦的？我们应该怎样对待粮食呢？（我会引导幼儿进行思考和表达）

《指南》指出，"要引导幼儿尊重他人的劳动成果"。因此，本环节我会重点让幼儿在讨论中明白粮食的来之不易，并懂得珍惜粮食，初步解决本次活动的重点，也为后面环节解决本次活动难点做准备。

3. 游戏操作，判断对错

本环节，设置游戏，分两步完成活动任务。

步骤1：游戏操作，间接体验

我会为每一名幼儿分发表情贴纸（每人一张笑脸、一张哭脸），并出示白板，上面有生活中人们浪费粮食和珍惜粮食的图片各两张。请幼儿上前根据自己的判断将表情贴纸送给相应图片。

教师：小朋友们，现在请你们每个人都来当一次小老师，看看哪个小朋友做得对，哪个小朋友做得不对，把笑脸贴纸奖励给做得对的小朋友，用哭脸贴纸提醒那些做得不对的小朋友。

步骤2：提出问题，表达总结

幼儿操作后，我会提出问题：为什么要把笑脸送给它？为什么要把哭脸送给它？如果是你，你会怎么做？（引导幼儿积极表达自己的想法，说出做法不对的图片应该如何改正）

在幼儿回答的基础上，我会进行总结：小朋友们说得非常好，图片中的小朋友，有的把饭吃得干干净净，可是有的小朋友却挑食，还把吃不完的饭倒掉，这是不对的。当我们吃饭的时候，要做到不浪费，不挑食，吃多少拿多少，吃不完可以打包带走。这就是我们现在所提倡的"光盘行动"。

本环节通过游戏，动静结合，引导幼儿积极动手操作，充分表达自己的想法，在投票和表达的过程中理解"光盘行动"的意义所在。进一步强化了活动的重点，较好地解决了活动的难点。同时，让幼儿在活动中感受到了快乐。

4. 视频讨论，总结结束

幼儿思维具有直观形象性，生动有趣的人物形象有助于幼儿形成积极的认同。因此，我会播放幼儿喜欢的卡通人物可可参与"吃货争霸赛"的小视频。

随后，我会提出问题：为什么是可可获得了"吃货争霸赛"的冠军呢？如果你也想获得"吃货争霸赛"冠军，应该怎么做呀？

幼儿回答后，我会和幼儿共同总结，从而巩固幼儿已有经验。

师：可可之所以获得"吃货争霸赛"的冠军，是因为他没有浪费每一粒粮食。真正做到了光盘行动。通过今天的学习，小朋友们都知道了光盘行动就是不浪费粮食。那么，从今天开始我们一起进行光盘行动吧。

大家一起说"光盘行动，从我做起"，自然结束活动。

本环节通过观看视频和总结，帮助幼儿进一步掌握和巩固本次活动所学的经验，使幼儿通过直观的人物形象，深入理解珍惜粮食、不浪费粮食。

六、说活动延伸

幼儿良好的生活习惯，往往是在生活中得以巩固的，为保证幼儿学习的完整性和连贯性，本次活动延伸设计为：在今后的进餐中，为能做到光盘行动的小朋友颁发小贴纸作为奖励，并每周进行评比，为前三名颁发"光盘行动"小卫士奖章，鼓励幼儿自觉争做"光盘行动"小卫士。

（本说课稿由殷文靖设计）

案例 大班社会活动

"快乐的中秋节"说课

我说课的流程分为六个部分。分别是设计思路、活动目标、活动准备、教学方法、活动过程和活动延伸。

一、说设计思路

《纲要》里在社会领域中明确提出："社会教育具有潜移默化的特点，幼儿教育应以幼儿生活为基础。"中秋节和端午节、春节都是我国重要的传统节庆。农历八月十五是我国的传统节日中秋节。每年我们都会和家人一起赏月、吃月饼、看中秋节联欢晚会,这些都是幼儿生活中的真实体验。并且大班幼儿上小、中班时,对中秋节已有初步的了解。

为了让我国优秀的传统文化得到传承,我设计了本节活动,通过引导幼儿大胆讲述,收集中秋节有关信息,使他们进一步了解中秋节的来历和各地的中秋文化;又通过品尝月饼等活动,丰富幼儿的生活经验,让幼儿感受到传统节日的独特魅力,激发幼儿热爱中国传统文化的情感。

二、说活动目标

活动目标是教学活动的起点,根据大班幼儿的年龄特点以及其上小、中班时对中秋节的初步认识,我制定了以下活动目标。

1. 知道中秋节的来历及有关文化,进一步加深对传统节日的了解。

2. 能大胆讲述收集的信息,产生对传统文化的兴趣。

3. 乐于与同伴交流、分享,体验集体过节的快乐。

针对教学活动的具体内容,我将活动的重点定位于,让幼儿以"快乐"为中心点,体验幼儿园这个大家庭的团圆与快乐,激发幼儿喜爱中国传统文化的美好情感。

三、说活动准备

为了更好地完成活动目标和活动内容,我会有以下准备。

1. 嫦娥奔月的动画故事、中秋节的相关环境创设

一个良好、积极的环境有着潜移默化的作用,其效果往往要比教师的言传身教更为实用。

2. 教师与幼儿一起准备的月饼、中秋节相关信息

这些"准备"的目的是让幼儿主动学习,进一步加深对活动内容的了解。

四、说教学方法

活动中,我为幼儿创设了愉快的氛围,用幼儿能接受和乐于接受的形式来展开活动。我将运用以下教学方法。

1. 讲解法

通过讲中秋节的来历和有关故事,进一步加深幼儿对中秋节的认识,激发幼儿对传统文化的兴趣和爱好。

2. 讨论法

可以给幼儿更大的空间和主动权,让幼儿相互讨论、交流收集的中秋信息,获得更多关于中秋节的知识,激发幼儿的表现欲,提高幼儿的语言表达能力。

3. 演示法

通过展示老师和幼儿收集的各地中秋节相关图片和信息,让幼儿更加形象、直观、真

实地感受到各地过中秋节的民风文化，激发幼儿的学习兴趣。

五、说活动过程

共分为以下四个环节：欣赏动画——引出主题；师幼交流——丰富经验；品尝月饼——分享快乐；许下心愿——祝福团圆。

下面我详细说一说每一个环节中教与学的过程。

1. 欣赏动画——引出主题

活动开始我是这样设计的，首先，我会让幼儿观看嫦娥奔月的动画故事，吸引幼儿的注意力，激发幼儿的兴趣和求知欲望。（展示动画）

（视频播放结束）通过观看动画故事，唤起幼儿对中秋佳节的遐想，进而引出主题。

2. 师幼交流——丰富经验

大班幼儿上小、中班时，对中秋节已有初步的了解。活动前我会请幼儿和家长一起收集中秋节的信息，让幼儿以主动学习的方式，加深对中秋节的了解。

活动中，我运用了让幼儿先表现、老师后补充的方式，充分给幼儿提供表现的机会。首先我会请幼儿讲述收集到的中秋节来历和相关故事以及与中秋节有关的古诗、民谣等。幼儿通过回忆、谈论的方式，互相交流，互相学习，大胆表述中秋节的相关信息。在幼儿展现的基础上，老师进行补充：每年的八月十五是我国传统的中秋佳节，这时是一年当中秋季的中期，因而被称为"中秋"。这天晚上月亮特别圆、特别亮。人们看到圆月就会联想到一家人的团聚，希望生活像月亮一样团团圆圆、和和美美，因而又把"中秋节"称为"团圆节"，使幼儿更加明确了中秋节的来历。

接着，引导幼儿说一说"过中秋节了，我们班上有什么变化"。通过中秋节的相关环境布置，为幼儿创设了过中秋节的愉快氛围，充分发挥环境的教育价值。另外，引导幼儿说一说："大街上都有什么变化？""你和爸爸妈妈一起过中秋节时都干些什么？"通过提问的方式充分调动幼儿已有的生活经验，让幼儿在观察、回忆中体会过中秋节的情感，进而产生对传统文化的兴趣。

为了进一步丰富幼儿对中秋节的了解，我会提问幼儿："你们还知道其他地方的人都会用什么方式来庆祝中秋节吗？"请幼儿向大家展示和讲解他们收集到的信息，充分调动幼儿的积极性，激发幼儿相互学习的兴趣，培养幼儿的语言表达能力。最后在幼儿展示的基础上，我会出示相关图片，补充并小结：除了赏月、祭月、吃月饼外，还有香港的舞火龙、安徽的堆宝塔、广州的树中秋等。

3. 品尝月饼——分享快乐

过中秋，庆佳节，必不可少的活动形式就是吃月饼，月饼是幼儿熟悉并喜爱的一种点心，为了让幼儿能够充分地体验到过中秋节的快乐，我设计了品尝月饼、共同分享快乐的环节。

活动前我鼓励幼儿将月饼带到幼儿园里和大家一起分享。让幼儿感受到人与人之间友好交往的幸福,体验分享的快乐。品尝月饼的过程中,我先请幼儿观察月饼的形状,"小朋友们看一下我们带的月饼都是什么形状的? 和老师的月饼有什么一样的地方?"(让幼儿通过观察、讨论,发现月饼通常是圆的,知道月饼的圆代表团团圆圆,代表生活幸福美满)。接着请幼儿向大家介绍一下他们的月饼:"你带的是什么月饼? 什么馅儿的?"丰富幼儿对中秋节月饼种类的了解。

接下来,让幼儿欣赏歌曲《爷爷为我打月饼》,活跃节日气氛,让幼儿边听音乐边与同伴分享月饼,体验与同伴、老师一起过节的快乐。通过这个环节,让幼儿品尝月饼、感受中秋快乐的同时,进一步激发了幼儿对传统文化的热爱,体验分享的乐趣。

4. 许下心愿——祝福团圆

在这一环节中,我引导幼儿:"中秋节快要过去了,让我们一起许下中秋节的心愿吧!"请全班幼儿闭上眼睛许愿。接着,我鼓励幼儿把心愿说给大家听听,给幼儿表达心愿的机会。

本环节通过让幼儿许下中秋心愿,添加了神秘感和乐趣的同时,也发展了幼儿的想象力和语言表达能力。

等幼儿分享完中秋心愿后,我们的活动也将接近尾声。

六、说活动延伸

活动结束后,我设计了一个延伸活动:鼓励幼儿回家和家人一起制作中秋节贺卡,并与同伴互相赠送贺卡,体验浓厚的亲情和友情。

本节活动,我改变了以往单纯说教的方式,通过环境的创设、幼儿的大胆表现及品尝月饼、中秋许愿等方式,让幼儿运用多种感官感受到过节的快乐,又通过看、说、尝等分享活动,进一步加深幼儿对中秋节这一传统节日的认识和热爱。

(本说课稿由魏艳红设计)

案例 大班社会活动

"合作真快乐"说课

一、说教材

1. 内容分析

随着社会的进步、科技的发展,现今生活的各个领域中越来越需要人们具备与人合作、与人分享的品质。《纲要》把"乐于与人交往、学习互助、合作和分享"作为幼儿园社会教育总目标之一。要求"养成对他人、社会亲近、合作的态度,学会初步的人际交往技

103

能"。《指南》中也指出："活动时能与同伴分工合作，遇到困难能一起克服。"由此可见，培养幼儿建立"与人合作、与人分享"的品质已经成为当前幼儿教育的重要目标之一。因此，我设计"合作真快乐"这一活动，引导幼儿发现、理解合作的内涵及重要性，并让幼儿在游戏过程中体验合作的乐趣，学习合作的方法。

2. 学情分析

大班幼儿基本上都接触过简单的、基本的"合作"这种社会交往技能。在日常生活中，孩子们一起游戏、一起完成值日生工作，他们无意识中习得了合作的技能。但幼儿并不清楚这种行为就是合作，更不理解合作的真正内涵及重要性。大班幼儿有合作的愿望，但缺少科学的合作方法和技能。

3. 教学目标

根据大班幼儿自主探索能力强，有合作愿望，但缺少合作方法的发展特点，确定以下目标：

（1）初步理解合作的内涵和意义。此目标从认知角度确定，让幼儿理解合作的含义，知道合作和助人不一样。

（2）尝试协商、分工合作，提高与同伴合作的能力。此目标从能力角度制定，让幼儿增强合作意识，掌握合作的方法，提高合作能力。

（3）体验合作的愉快情感，进一步增强合作的意识。这一目标从情感角度确定，幼儿的社会学习具有强烈的情感驱动性，幼儿体验到合作的快乐，就能增强合作的意识。

教学重点：体验合作的愉快情感，进一步增强合作的意识是本节课的重点。因为要使幼儿真正理解合作并内化为行动，情感、态度是内在动力。

教学难点：尝试协商、分工合作，提高与同伴合作的能力是教学难点。因为合作不是简单地在一起做事，需要掌握一定的技能技巧。因此，定为难点。

4. 教学准备

幼儿是在原有知识基础上，通过同化和顺应建构新经验的，了解幼儿的已有经验很重要。大班幼儿做过一些需要合作的活动，如需要合作的体育游戏、跳集体舞等。物质准备方面，布置了娃娃家家具场景，准备了关于合作的图片4张。

二、说教法与学法

教育活动应以幼儿的需要、兴趣，尤其是幼儿的经验为导向。我拟采用讨论、行为练习、游戏等教学方法来实施教学。

1. 讨论法

创设平等、宽松的氛围，和幼儿一起讨论关于合作的话题，加深幼儿对"合作"的理解。

2. 行为练习法

创设一定的情境，让幼儿不断地尝试、操作、体验合作的重要性，学会合作。

3. 游戏法

教学中让幼儿玩合作游戏。通过游戏，使幼儿掌握合作方法，体验合作的快乐。

三、说教学过程

《指南》中指出：应多为幼儿提供需要大家齐心协力才能完成的活动，让幼儿在具体活动中体会合作的重要性，学习分工合作。本节课的教学过程设计为："创设情景，感知理解合作""玩游戏，掌握合作的方法""回归生活，提升合作经验"。

1. 环节一：创设情景，感知理解合作

创设搬娃娃家的家具的情景："这么多家具，我们都不能做游戏了，我们把家具搬到'阳光小屋'去吧！"从而引导幼儿初步体验大家一起合作的感受。在幼儿体验基础上，引导幼儿讨论、发现、了解合作。

提问："刚才你们怎样很快地整理好家具？"从而引出"合作"的概念。"很多人一起做同一件事，我们给它一个很好听的名字，叫'合作'。"使幼儿明白"有许多事情光靠一个人的力量是不行的，需要大家一起做才能完成，这就是'合作'"。

2. 环节二：玩游戏，掌握合作的方法

大班幼儿具有合作的欲望，但缺少科学的合作方法。要使幼儿掌握科学的合作方法、调动幼儿的学习兴趣，应让他们在实践中操作。我设计了两个游戏。

（1）玩"抬花轿"游戏——尝试分工合作

幼儿自由结伴，三人一组，两人抬轿，一人坐在轿上。老师巡回观察。游戏结束后引导幼儿进行讨论："哪组玩得好？为什么？"从而引导幼儿发现游戏前需要先"分工"，商量好谁当坐轿人、谁当抬轿人，才能玩好游戏。

（2）玩"背靠背"游戏——尝试协商一致进行合作

幼儿两人一组，坐在地上，手拉手，背靠背。游戏规则是"铃声一响，立刻站起"，看哪组最快。游戏结束后提问："有的小朋友能够一起迅速站起来，有的小朋友铃声响了仍未配合好，为什么？"引导幼儿思考、讨论，并请游戏成功的幼儿说一说该怎么做，鼓励幼儿发表自己的见解，从而发现"协商一致"的合作方法。请幼儿再次玩游戏，体验"协商"合作。

上述教学步骤采用游戏、讨论、再游戏的形式，使幼儿体验合作、讨论合作、学会分工和协商一致的合作方法。突破了教学难点。幼儿在游戏中也充分体验到合作的快乐，解决了教学重点。

3. 环节三：回归生活，提升合作经验

为了丰富幼儿对合作途径的认识，这一教学环节运用讨论法。我提出问题："在日常生活中，你们还发现什么事情需要合作？"调动幼儿原有经验，进一步丰富和强化幼儿的合作意识。接下来，请幼儿观看杂技表演、劳动等图片，通过直观、生动、形象的画面展示人与人之间的相互合作，让幼儿感受到合作在社会生活中的重要性。

本次活动采用了幼儿感兴趣的合作游戏，使幼儿体验、感受合作的乐趣。先提出合作的概念，然后通过游戏让幼儿掌握分工与协商的合作方法，最后拓展幼儿的合作经验。幼儿在游戏活动和讨论中探索、理解和体验合作。对于幼儿来说，单靠这一次活动不可能完全掌握合作的方法，需要在反复练习中才能真正体悟合作要领。因此，我设计了形式多样的延伸活动。

四、说活动延伸

1. 区角渗透

收集破旧的儿童图书，投放在美工区。幼儿分工合作，剪贴图书变新书，体验合作的乐趣。

2. 各项活动中渗透

在平时的生活、体育活动中贯穿合作的练习，让幼儿在轻松、自主的环境中充分尝试，提高幼儿的合作技能。

（本说课稿由魏艳红设计）

第四课　科学领域

案例　中班科学活动

"磁铁找朋友"说课

一、说设计思路

中班幼儿对磁铁的磁性很感兴趣，在生活中也积累了关于铁制品与非铁制品的知识经验。该年龄段幼儿也具备了一定的动手、动脑、自主探索问题的能力。因此，我设计了"磁铁找朋友"这个活动。通过活动让幼儿感知磁铁吸铁的性质、辨别铁制品与非铁制品。活动内容轻松有趣，能够培养幼儿对科学的兴趣与求知欲。

说课视频

磁铁找朋友

二、说活动目标

1. 发现磁铁吸铁的性质，能将铁制品与非铁制品分类。

2. 能用较完整的语言表达自己的发现。

3. 乐于动手,体验探索成功的乐趣。

目标1提出了通过活动,幼儿应获得的科学知识经验,这是本次活动的重点。目标2提出增强幼儿的语言表达能力。目标3是情感态度目标。目标全面、具体、明确。

三、说活动准备

1. 磁铁

磁铁人手一块,满足幼儿操作需要。

2. 铁制品与非铁制品材料

目标中提出让幼儿辨别铁制品和非铁制品,在材料中特别准备了两类材料:一是玻璃球、毛线、木块、塑料、橡皮、石块等非铁制品,二是小铁块、铁环、曲别针、铁制瓶盖等铁制品。

3. 自制的小钓鱼竿、纸折小金鱼

四、说教学方法

幼儿科学教育以培养幼儿科学素养为宗旨,以"探究"为核心。因此,让幼儿动手、动脑探究问题是本次教与学的主要方法。

五、说活动过程

考虑到幼儿认知规律,同时把握幼儿认识事物的特点来设计活动过程。活动过程由四个环节构成。

环节1:玩一玩——钓鱼的游戏

教学伊始,我带领幼儿到布置好的小鱼塘场景中钓鱼:"小朋友,老师手里有一个漂亮的钓鱼竿,咱们一起钓小鱼吧,举起钓鱼竿,把鱼饵送到小鱼的嘴边,试试看,咦? 为什么有的小鱼能钓起来,有的小鱼钓不起来?"问题是科学探究的出发点,幼儿在猜测这个问题答案时,好奇心会油然而生。

环节2:看一看——发现磁铁吸铁的秘密

幼儿带着问题与好奇进入此环节。我先让幼儿猜测并和同伴交流自己的见解,然后引导幼儿把纸折的小鱼拆开看一看能发现些什么,并提出问题请幼儿思考:"能被钓起的小鱼肚子里装了什么? 不能被钓起的小鱼肚子里又装了什么?"幼儿通过动手探索,发现能被钓起的小鱼肚子里装的是小铁块、小铁环等铁做的东西,从而对磁铁吸铁的特性有了初步认识。

环节3:找一找——探索发现铁制品与非铁制品

教师出示充足、丰富的材料,幼儿分组动手操作。用磁铁吸一吸、找一找,找出能被吸起的和不能被吸起的物品,并将其分类。教师巡回辅导,将幼儿的分类情况进行记录,

请幼儿说说自己找出的磁铁的好朋友，鼓励幼儿大胆表达。这个环节不仅扩充了幼儿对铁制品与非铁制品的认识范围，也加深了幼儿对磁铁吸铁性质的认识。同时为下一个环节作好了准备。

环节4：做一做——让"小鱼"都能被钓起来

幼儿运用已有知识经验来解决问题，制作能被钓起的小鱼。请幼儿想一想，怎么利用磁铁吸铁的秘密帮助小鱼被钓起来。幼儿在制作的同时充分体验到探索的喜悦。

活动体现了做中学的科学教育理念。活动过程遵循着"感知—理解—巩固—应用"的程序，层层深入。活动中幼儿发现问题，动手动脑探究问题、解决问题。随着活动的展开，幼儿不断加深、扩展对磁铁吸铁、铁制品与非铁制品的认识，有效培养了幼儿对科学的兴趣与求知欲。

（本说课稿由梅纳新设计）

案例　大班科学活动

"我会制造风"说课

一、说设计思路

《纲要》科学领域指出：引导幼儿对身边常见的事物和现象产生兴趣和探究的欲望。"风"是一种自然现象，这种自然现象一年四季都和我们会面，幼儿比较熟悉。大班幼儿在生活中做过很多有关"风"的游戏，如玩风车、放风筝等。幼儿对风有着很多感性经验。但他们对"风的形成"这个问题的认识比较模糊。因此我设计了这个活动，引导幼儿了解风的形成，从而丰富和加深幼儿对风这一自然现象的认识。

本次活动的内容来源于幼儿生活，针对性强。在活动中，通过听觉、触觉、视觉等多种途径与方法把抽象的知识转化成幼儿可以感知的具体形象，使幼儿通过操作探究问题、解决问题。

二、说活动目标

根据幼儿的年龄特点和生活经验，我制定了以下活动目标。

1. 感知空气流动形成风的现象。

2. 根据已有生活经验探索用多种方法制造风。

3. 积极参与探索活动，乐于与同伴交流制造风的方法。

本次活动的重点是：感知空气流动形成风的现象并根据已有生活经验探索用多种方法制造风。其中，感知空气流动形成风是活动难点。

三、说活动准备

《纲要》指出,教师应为每个幼儿"提供丰富而又可操作的材料,为每个幼儿都能运用多种感官、多种方式进行探索提供条件"。围绕活动目标,本活动进行了以下准备。

1. 经验准备

幼儿在日常生活中已经对风这一自然现象有了感知经验。

2. 物质准备

自制风车、纸屑、扇子、木板、不同材质的纸(如挂历、报纸等)每人一份;熏香一根、电风扇一台,是教师在活动过程中演示使用的。

四、说教学方法

为了更好地完成活动目标,我采用了以下教学方法。

1. 观察法

引导幼儿通过观察熏香白烟的变化,直接感知空气流动形成风。

2. 演示法

通过用电风扇吹风验证幼儿的猜测,从而帮助幼儿观察、体验、发现风这种自然现象产生的原因。

3. 实验法

幼儿通过用嘴吹纸屑、用手扇纸屑等多种方法探索风形成的奥秘。

五、说活动过程

本次活动过程共分为4个环节。

1. 听一听、猜一猜

首先,播放课前准备好的关于风的音频导入活动。听完音频后我会提问幼儿:"刚才我们听到的是什么声音?"在本环节中幼儿可以通过听觉初次感知风的存在。

2. 想一想、说一说

幼儿在上一环节的听一听中已经通过听觉感知过风的存在,那么在想一想环节当中让风在幼儿的思维中更具体形象化。

在本环节中我会向幼儿提问:"大家知不知道风是怎样形成的?下面就请小朋友想一想,说一说。"我通过开放式问题来引导、激发幼儿对"风"这一自然现象的兴趣,充分调动他们思维的活跃性和探索的主动性,为活动的开展做好了准备。当幼儿充分表达了自己对风的形成的认识后,我会打开电扇面向幼儿,让风吹到幼儿的身上。这样幼儿就可以通过触觉来再次感知风的存在和形成,同时也让幼儿明白风是看不见、摸不着的。

幼儿通过视觉、触觉感知过风的形成后,我会出示之前准备好的熏香,点燃后,让幼儿观察在没有风的情况下熏香的白烟是向上的。然后把熏香放在电扇的旁边,白烟会随着气流的流动而流动,幼儿可以通过观察更加直观地感知空气流动形成风这一现象,从而通过视觉让看不见、摸不着的风更具体形象化。

3. 试一试、做一做

试一试、做一做是本次活动的重点环节。幼儿要通过多种方法制造出风，从而培养发散思维能力和动手操作能力。我会在每组幼儿的桌子上放置扇子、木板、不同材质的纸，然后告诉幼儿："小朋友们，你们桌子上都有扇子、木板和不同材料的纸。大家想一想、试一试，怎样制造出风呢？"在这个探究过程中，幼儿会在原有的生活经验上通过用嘴吹、用手扇等亲身体验风的出现。我通过开放式问题引导幼儿思考，同时培养幼儿的动手操作能力。幼儿猜测、感知、探究后，我会给每名幼儿分发一包纸屑，并告诉他们："刚才老师给每个小朋友都发了一包纸屑，你们想一想怎样才能让这些纸屑飞得更高更远呢？"幼儿在探究怎样让纸屑飞得更高更远时，我会观察幼儿在探索活动中的情况，倾听他们的交流，给予幼儿肯定和鼓励并对个别幼儿进行及时指导。在这个过程中，幼儿可以在获得新经验的基础上通过亲身体验加深理解，同时可以初步了解风的大小。

本环节结束后，我会组织幼儿讨论、总结怎样制造风。幼儿在以上环节中，已经通过听觉、触觉、视觉感知过风的形成。通过组织幼儿讨论、总结，可以培养幼儿之间相互交流、相互学习的习惯，同时可以培养幼儿对科学活动的兴趣。

4. 比一比

在这个环节中，我会给每个幼儿分发做好的小风车，带领幼儿到户外比赛，并告诉幼儿："小朋友们比一比，看谁可以让手中的风车转得更快？"到户外后，幼儿会感知到奔跑起来风车可以转起来，从而进一步感知空气流动形成风。

六、说活动延伸

活动结束后，我设计了一个延伸活动。我告诉幼儿："今天小朋友们回到家里可以跟爸爸妈妈演示你是怎样制造出风的。"通过家园共育的形式继续培养幼儿对科学活动的兴趣。

（本说课稿由殷文靖设计）

案例　中班数学活动

"生活中的数字"说课

说课视频

一、说教材

1. 内容分析

《指南》中数学认知目标提出：让幼儿感到数学的有用和有趣。

生活中的数字

生活中无处不在的数字正是帮助幼儿理解数字意义的生动教材。本次教学活动内容来源于生活,从幼儿身边常见物品上的数字入手,帮助幼儿认识数字在生活中的作用,这对增进幼儿学习数学的积极情感和态度具有重要的价值。

2. 学情分析

数概念水平:中班幼儿已掌握了自然数、基数、序数的含义,知道数的大小和位置关系,能认读数字。这是学习本节内容的认知基础。

原有经验:中班幼儿在生活中有意无意获得了关于数字用途的经验。如他们经常看到钟表、电话等物品上的数字,对这些数字的用途也略知一二。

3. 教学目标

"生活中的数字"内容太过广泛,基于中班幼儿数概念发展水平和原有经验,制定以下教学目标和重难点。

(1)对生活中的数字产生探究兴趣。

(2)了解生活中常用物品上数字的作用,体会数字与人们生活的密切关系。

(3)能仔细观察物品上的数字,用语言和绘画的方式表达对物品上数字的理解和认识。

幼儿数学教育最重要的是培养幼儿对数学的兴趣。我把情感态度目标放在首位,希望通过活动引发幼儿对生活中数字的探索兴趣。在能力目标方面,提出了发展幼儿观察力及表达能力的要求。

教学重点:目标(2)"了解生活中常用物品上数字的作用,体会数字与人们生活的密切关系"是教学活动的重点。

教学难点:我把"知道不同物品上数字表示的意义"定为难点。因为中班幼儿往往满足于找到数字,如果没有教师提醒,不会主动思考数字的作用。他们对数字表示的意义和作用认识很模糊,常把物品用途当成数字表示的意义。例如:问幼儿尺子上的数字有什么用,幼儿会说量东西。

4. 教学准备

(1)没有数字的钟表图片,1~12的数字贴。

(2)师幼共同收集带有数字的物品,如小台历、温度计、手机、尺子、电视遥控器,带有牌号的玩具小车、图画书、儿童鞋……

(3)贴有"我看到的数字"标题的墙饰,画纸和画笔。

带有数字的物品很多,准备材料时考虑了两点:第一,选择幼儿比较熟悉的物品,使幼儿有话可说。第二,选择几种代表数字不同含义的物品。有表示自然数、序数含义的,如书的页码,遥控器上的数字;有表示物体量的,如长度、温度、大小等;有体现数字编码作用的,如电话号码、车牌号码等。

二、说教法

中班幼儿思维以具体形象为主。教学中主要采用了直观教学法:通过呈现带有数字的各种物品、演示教具的方式使幼儿获得对物品上数字的直接认识。此外，拟采用讨论法：通过讨论数字的作用等问题，让幼儿在和同伴、老师的交流中建构对数字作用的认识。

三、说学法

考虑到幼儿的学习方式以直接感知、实际操作和亲身体验为主，教学中让幼儿看一看物品，找一找数字，说一说数字用途，画一画物品上的数字，幼儿在自主活动中愉快地学习。

四、说教学过程

幼儿是学习的主体，为充分发挥幼儿学习的主动性，我为本课设计了三个教学环节。

1. 演示钟表教具，导入活动

我设计的导入语是："今天老师带来了一样东西，请小朋友猜一猜是什么？"出示没有数字的钟表图片。待幼儿猜出答案后提问："钟表上缺少什么？""没有数字行不行？""为什么？"让幼儿谈论对钟表数字作用的认识。然后将数字1～12贴在钟表上，并总结："钟表上的数字能告诉我们时间。"

导入环节采用的是"前经验导入法"，即根据幼儿已有认识发起活动。钟表上数字的作用是幼儿已有认识，没有数字的钟表给予幼儿强烈的视觉刺激，把幼儿的注意力一下集中在对数字的关注上。

2. 观察物品，认识数字的作用

本环节的内容是教学重点。我采取布置展览、幼儿参观的形式实施教学。在此，为幼儿创设典型的观察物品上数字的环境，投放丰富的材料，支持幼儿的学习。具体分为以下三个教学步骤。

（1）看一看，找一找

顺接导入部分，提出问题："请小朋友看一看都有什么？找一找上面的数字在哪里？"幼儿自由观察带有数字的物品。教师给幼儿充足的观察时间，并适时与个别幼儿交流，提醒幼儿观察物品上有哪些数字。

（2）想一想，说一说

幼儿获得了对物品上数字的直接认识后，让幼儿说一说对物品数字作用的认识。教师提出要求："请小朋友选一样自己喜欢的物品，说一说这上面的数字有什么用。"我鼓励支持幼儿大胆讲述，并提问："哪个小朋友还有补充？"促进幼儿之间的交流。

知道物品上数字的作用是教学难点。为突破难点，我采用倾听加引导的指导策略。"倾听"，即注意倾听幼儿的回答，对幼儿已有认识做到心中有数。"引导"，即根据幼儿的回答，通过追问、提升经验的方式对幼儿的认识进行梳理和提升，使幼儿对物品上数字的作用有比较清晰的认识。瑞吉欧教育中有一句名言：教师要接住幼儿抛过来的球。教师作为引导者的作用正体现在此。

（3）发散思维，感受数字与人们生活的密切关系

幼儿对物品上的数字及作用有了明确认识后，我设计一个开放性问题："如果这些物品上没有数字会怎样？"让幼儿展开讨论并说一说自己的认识。我根据幼儿的回答进行总结："生活中很多物品上面都有数字，有的告诉我们时间，有的告诉我们温度……数字真有用！"

三个教学步骤由浅入深，由具体到抽象，由感知到理解逐步递进。在幼幼、师幼互动中达成教学目标。

3. 绘画表现，深化认识

这个教学环节是让幼儿按意愿画一样带有数字的物品。之所以让幼儿自主选择，主要是考虑到幼儿的个体差异性。幼儿画一画物品上的数字，可以深化其对数字的认识和理解。

幼儿画完后，将幼儿的作品布置在准备好的墙饰上，自然结束活动。

五、说活动延伸

幼儿教育具有整合性的特点，表现在目标、内容、方法、活动形式等方面的整合。本次教学虽然结束了，探索生活中的数字活动会继续开展下去。我将在日常生活中，带领幼儿观察、寻找幼儿园内、大街上的数字并让幼儿记录下来，拓展幼儿对身边生活场景中数字及作用的认识。

（本说课稿由吕岚设计）

案例 大班数学活动

"好玩的跳舞毯"说课

一、说设计思路

认识空间方位是幼儿数学教育内容之一。5岁左右的幼儿空间方位概念有了进一步发展，表现在开始以客体为中心判断左右方位，初步理解空间方位的连续性。数学教育要重视培养幼儿学习数学的兴趣，重视培养幼儿良好的思维品质。基于以上认识，我设计本次活动时，以玩"跳舞毯"的游戏形式，将认识左右的教育内容附在其中，使幼儿在玩中学、在学中乐。

二、说活动目标

通过分析教学内容及大班幼儿空间方位的认知水平，从发展幼儿认知、情感与态度、能力等角度考虑，将活动目标定位如下：

1. 感受游戏"跳舞毯"的趣味性，体验数学活动的快乐。（情感态度目标）

2. 认识表示方位的箭头。区分前、后，左、右，左前、左后，右前、右后，并说出相应方位词。（知识目标）

3. 能依据口令、箭头标志进行方位判断并做出相应的动作。（技能目标）

教学重点：能依据口令、箭头标志进行方位判断并做出相应的动作。

这个目标建立在目标2基础之上，幼儿在认识空间方位的基础上才能做出相应动作。所以，这是教学重点。

教学难点：区分左前、左后、右前、右后并说出相应方位词。空间方位具有连续性，如前边和左边中间的区域可称为左前。左前、左后等属于复合方位，大班幼儿能认识到自身斜前方区域，但不能用正确的方位词描述，如常把"左前"称为前左。因此，定为难点。

三、说活动准备

幼儿是通过与环境、材料的相互作用来获得发展的。准备的材料有：跳舞毯1个，课件方位图谱及背景音乐；泡沫地垫每人1个，箭头卡片（粘胶）每人1套。

四、说教学方法

1. 游戏法

教学中以玩"跳舞毯"的游戏形式进行，让幼儿在游戏氛围中主动学习。

2. 操作法

幼儿动手在地垫上粘贴表示方位的箭头卡片，在操作中建构空间方位概念。此外，还让幼儿通过身体的活动获得对空间方位的体验和理解。

五、说活动过程

1. 演示玩"跳舞毯"，导入活动（5分钟）

教学开始，我这样设计："小朋友，老师给你们带来了一样好玩的东西，它叫什么？怎样玩？"出示跳舞毯，请幼儿根据自己的认识说一说。然后，教师在跳舞毯上随音乐跳一段舞，使幼儿直观地看到跳舞毯的玩法。导入紧扣教学内容，形式有趣，能激发幼儿的学习动机。

2. 运用操作法在"跳舞毯"上粘贴表示方位的箭头，区分空间方位（15分钟）

在这一环节，遵循着"认识—理解—运用"的认知规律，设计以下教学步骤。

（1）认识跳舞毯上的箭头标记，说出所表示的方位

由易到难，我分两步让幼儿认识箭头标记。先认识箭头↑（前）、↓（后）、←（左）、→（右）表示的空间方位，辨别前后、左右对大班幼儿来说较容易。先请幼儿观察跳舞毯上的箭头，提出问题："这几个箭头表示什么方位？"通过提问使幼儿说出方位词。然后，认识箭头↖（左前）、↗（右前）、↙（左后）、↘（右后）表示的复合空间方位。这是本节课的难点。教法是：我以一个箭头为例提问"这个箭头在什么位置"（前边和左边的中

间），在幼儿思考的基础上使幼儿知道"左前"这个方位词。然后认识其他三个。为了解决难点，我加强提问，随机指着任何一个箭头让幼儿练习说方位词。

（2）幼儿动手操作，做一个跳舞毯

在认识空间方位的基础上，幼儿在地垫上进行操作。先粘贴↑（前）、↓（后）、←（左）、→（右）箭头，再粘贴复合方位箭头。我观察并提醒幼儿贴的位置要准确。为突破难点，在此环节，请幼儿贴出复合方位箭头后说出相应的方位词。

3. 玩"跳舞毯游戏"，巩固练习对空间方位的认识（12分钟）

带领幼儿玩"跳舞毯"游戏，由易到难设计了2个步骤。

（1）听口令做动作

玩法是教师发出口令（如前后、左右、左前、左后等），幼儿按口令跳到相应的位置。此环节的目的是使幼儿熟悉方位，为游戏做准备。

（2）看简单的方位图谱玩"跳舞毯"

这一玩法难度较大，需要幼儿视觉、听觉、运动觉的联合活动，但对大班幼儿具有很强的吸引力。游戏进行多次，锻炼幼儿反应的灵活性和敏捷性。

六、说活动延伸

学习数学的目的是解决生活中的问题。为此，我让幼儿将箭头卡粘贴在班级及室外的一些地方，如楼梯转弯处、班级区域中需要进行方位指示的地方，使幼儿了解箭头标记在生活中的运用。

（本说课稿由殷文靖设计）

第五课　艺术领域

案例　大班音乐欣赏活动

"吉祥三宝"说课

说课视频

一、说设计思路

《吉祥三宝》是一首对答式的蒙古族歌曲。歌曲旋律清新欢快，歌词内容具体直观。在幼儿的音乐作品中，对唱、三重唱形式的歌曲非常少，

吉祥三宝

所以，幼儿特别喜欢。根据《纲要》精神，让幼儿在感受艺术作品的美的同时，能够用自己的方式大胆地进行艺术表现活动。通过活动，不仅能让幼儿了解歌曲所要表达的爱与和谐的主题，感受歌曲中对唱、三重唱的形式，还能够激发幼儿爱父母、爱家庭的情感。

二、说活动目标

根据《纲要》艺术领域总目标和教学内容，我制定了适合大班幼儿最近发展区的三维目标。

1. 感受歌曲对唱、三重唱的形式和清新欢快的风格。

2. 理解歌曲表达的主题，大胆表达对歌曲的感受。

3. 表达爱父母、爱家庭的情感。

本次活动的重点是欣赏歌曲作品，理解歌曲表达的主题；难点是感受歌曲对唱、三重唱的形式。在重难点的解决方面，我用歌曲图谱和人物手指偶，使幼儿主动操作实践，进一步加深对歌曲的理解和感受。

三、说活动准备

首先，把歌曲转化成直观的视觉材料——图谱。用歌曲图谱帮助幼儿更加直观地感受歌曲对唱、三重唱的形式；其次，把歌曲转化成可动的视觉材料—手偶，用人物手指偶，在幼儿心中建立起生动的、可以感知的人物形象。

四、说教学方法

本次活动采用的教法是演示法，演示法直观形象，有助于幼儿理解歌曲所表达的主题。学法是多感官参与法，多感官参与法能有效提高幼儿感知、理解和表现艺术的能力，同时能有效调动幼儿参与活动的主动性、积极性和创造性。接下来，说一说活动过程。

五、说活动过程

1. 欣赏歌曲——幼儿初步感受歌曲对唱、三重唱的形式和清新欢快的风格

首先，教师通过提问引导幼儿欣赏歌曲，感受歌曲对唱、三重唱的形式特点。让幼儿带着问题倾听，激发幼儿学习的欲望。我会这样引导幼儿："小朋友们，歌曲里面有几个人在唱歌，他们是一起唱还是分开唱？和我们平时唱的歌曲有什么不同？"

其次，出示人物手指偶，引发幼儿兴趣。接下来用手指偶示范，在幼儿心中建立起生动可感的艺术形象。我是这样引导幼儿的："小朋友们，今天，老师带来了三位蒙古客人，他们是吉祥一家三口。让他们做一下自我介绍吧：'小朋友好，我是蒙古爸爸；小朋友好，我是蒙古妈妈；嘿，我是蒙古宝宝。'"

2. 出示图谱

首先，让幼儿观察图谱：小朋友们，我们来看这张图谱，图谱上圆形代表宝宝，椭圆形

代表妈妈,那么,梯形代表谁呢? 对了,梯形代表爸爸。

其次,让幼儿听音乐看图谱,教师用手指着图谱提示。幼儿通过听音乐,同时观看教师的提示。(再欣赏一遍音乐)

3. 幼儿边听歌曲边表现歌曲应答部分,相互表达心中美好的情感

首先,教师用手指偶示范,幼儿边听音乐边做动作。通过听、看、唱、做,开放多个感觉通道,进一步加深幼儿对歌曲的理解和感受。(教师随着音乐操作手指偶,幼儿欣赏)

其次,利用角色互换的问答形式边唱边做,通过音乐和生活的有机结合,培养幼儿合作、交流、分享的社会性品质。

最后,让幼儿用自己喜欢的方式大胆表达自己的情感。教师提问:"你们爱自己的爸爸、妈妈吗? 你们想和他们说些什么? 在幼儿园这个大家庭中,你们爱自己的小伙伴吗?"引导幼儿通过肢体语言拉拉手、抱一抱,表达情感。

六、说活动延伸

在活动延伸环节,我设计了亲子活动。让幼儿回家和父母进行角色游戏,通过和父母的良好互动,加深对歌曲的理解,加深爱父母、爱家庭的情感。

(本说课稿由张莹设计)

案例　大班绘画活动

"奔跑的马"说课

一、说设计理念

处理绘画技能与幼儿表达表现的关系是美术教育中始终有争议的问题。我认为绘画更应该以发挥幼儿的艺术天性和创造力为主。对幼儿而言,喜欢绘画、愿意绘画和绘画的过程比绘画的结果更为重要。本次活动我尝试改变了以往国画活动中普遍使用的"教师示范,幼儿临摹"的方法,尽量让幼儿摆脱教师范画的束缚而大胆画出自己想画的东西,让幼儿在绘画活动中真正体验到创作的乐趣。

二、说教学内容

本次活动内容是让幼儿画马,而且要求幼儿表现出马跑时的姿态。在绘画工具、材料上我选择了让幼儿运用水墨表现马的造型,一方面有利于幼儿的大胆表现,另一方面可以增进幼儿对我国优秀传统文化的情感。

三、说教学目标

根据大班绘画教学要求及幼儿绘画能力,制定的教学目标如下。

1. 学习用水墨画技法画马,大胆运用简练、夸张的线条和色块画出马奔跑时的姿态。

2. 能和同伴合作绘画,体验合作的乐趣。

我把教学重点定为:学习用水墨画技法画出奔跑的马。通过分析幼儿的绘画能力,教学难点定为:马奔跑时四肢的画法。对大班幼儿来说,用水墨画技法表现马奔跑时弯曲的四肢有一定难度。因此,定为难点。

四、说教学准备

在考虑物质准备的同时,我充分关注了幼儿的原有的绘画经验和水平。幼儿已有运用水墨形式绘画的经历,对水墨画技法中的中锋、侧锋、浓墨、淡墨等笔法和墨法有一定的了解。这是学习用水墨技法画马的基础。

在材料准备方面,给幼儿提供水墨、毛笔、宣纸等绘画工具和材料,便于幼儿进行创作。准备了奔马拼图、马的音像资料(马奔跑的欢快音乐及视频),便于幼儿观察与联想。还准备了徐悲鸿的《奔马》水墨画让幼儿欣赏,帮助幼儿直观地认识与把握马的基本特征。

五、说教学过程

合理的教学设计对达成目标至关重要,我设计的教学过程包括三个环节。

1. 观察感受,形成物象

幼儿都很喜欢玩拼图,我设计了拼"奔马图"的形式来吸引幼儿。

"小朋友们,今天老师给你们带来了一位动物朋友,它是谁呢?"幼儿一边猜测,我一边拼图。当一匹"奔跑的马"出现在小朋友们面前时,会带给幼儿极大的惊喜和快乐。

我引导幼儿观察、讨论奔跑的马的形态和特征。我设置了这样几个问题引导幼儿观察:"拼图中的马在干什么?""你从哪里看出来它在跑?""它跑的时候腿是什么样的?""尾巴和鬃毛是什么样的?"

通过观察和讨论,幼儿初步感知马跑时的动态主要表现在马腿、马鬃、马尾上。接下来我会引导幼儿欣赏马奔跑的视频:"马奔跑的时候身体的各个部位是什么样的?""画面中飞奔的马给你什么样的感觉?"这样不仅能帮助幼儿更细致地把握马的动态,而且使他们充分感受到马的精、气、神。

然后我再让幼儿用动作模仿马跑时的姿态,首先我会让幼儿自由结伴,与同伴相互交流并模仿马的各种姿态,然后集体交流,让幼儿自愿将自己模仿的动作展示给大家看,如:"谁愿意把刚才和好朋友一起模仿的马的不同的动作表演给大家看一看?"鼓励幼儿大胆用动作表现。

这个环节我主要运用了观察法和多感官参与法,有效调动了幼儿的视觉、语言知觉和运动知觉,使他们获得直观感受,更顺利地观察、思考、再现奔马的主要特征。

2. 丰富知识,大胆创作

先请幼儿欣赏徐悲鸿的《奔马》水墨画。目的是让幼儿观察画家画马时各个部位所用的笔法和墨法,以丰富幼儿的水墨画知识,为幼儿进行创作做铺垫。欣赏时让幼儿边看边交流自己的观感。

我根据幼儿的回答加以引导并总结:水墨画技法是我国特有的一种画法。画面上用了中锋和侧锋笔法,中锋笔法线条圆厚有力,用来画马的整体轮廓,使马看起来强健有力;侧锋笔法线条挺立多变,用来画马尾、马鬃,使马看起来具有奔跑的动感;画面中还用了浓墨、淡墨,使画面看起来深浅不同,丰富有变化,形象逼真有立体感。

幼儿进行水墨画创作,是教学的重点。虽然在前面的环节中幼儿已充分感知了马奔跑时的形态特征,但怎样用水墨画技法表现出来还有一定的困难。我采取以下教学方法和手段来解决难点。

在幼儿创作之前,先请他们想一想并谈一谈画马时哪里最难画,为什么。在这里我先让个别幼儿回答同伴的问题,尝试让幼儿自己先思考,根据幼儿的回答,教师引导幼儿怎样画出马的四肢,这是本次活动的难点。如马的四肢奔跑时关节向内弯曲,两腿分前后,有时腿部腾空,有时腿部前伸或后蹬。

为了进一步解决难点,接下来请幼儿三人一组合作拼图,我设计了这样一些拼图让幼儿拼一拼,主要让幼儿拼马的腿部。因为只听教师的讲解幼儿不容易画出马腿的位置,马跑时腿部的弯曲也不好表现。在拼图的过程中,加深了幼儿对奔马腿部特征的把握,而且形态各异的奔马也给幼儿的创作提供了素材。幼儿拼图时我会播放有马奔跑声音的轻快音乐,以便幼儿产生丰富的联想。图拼好后我再请每组小朋友来说一说、做一做刚才他们拼的马是怎样的姿势,腿是什么样子的。幼儿通过语言和肢体动作表达马奔跑时腿部的姿态,脑子里形成了鲜明的奔马的物象。

接下来让幼儿与同伴交流自己想要画的马,然后三人一组进行创作,教师进行巡回指导。合作绘画加强了幼儿之间的交流与协作,他们也可以相互学习、相互临摹。

3. 展示作品,分享交流

作品完成后,我会和幼儿在教室的活动区角共同布置"奔马"展示园地。将幼儿所画的奔马图挂在展示墙上展示,并请幼儿讲一讲自己的作品,让幼儿说一说他喜欢哪一匹马,为什么喜欢它,通过交流,体验分享的快乐。

六、说活动延伸

在活动延伸方面,我准备开展一次音乐欣赏活动,让幼儿欣赏乐曲《赛马》,进一步提升幼儿感受美、欣赏美的能力。

(本说课稿由徐春艳设计)

案例 中班韵律活动

"筷子舞"说课

一、说设计思路

本次活动内容是让幼儿用筷子跳舞，改变了幼儿关于筷子是用于吃饭的原有经验，使他们产生好奇和兴趣。看到这个课题，我马上联想起传统的蒙古族舞蹈《筷子舞》。幼儿进入中班后，对具有异域风情的音乐和韵律活动更感兴趣，我想让幼儿在感受、体验、表现民族音乐的基础上，领略蒙古族舞蹈的风情。在韵律活动中，音乐的选择十分重要，我选择了幼儿喜欢并学过的《牧童之歌》作为本次活动的音乐，这首歌曲旋律优美、节奏欢快，便于幼儿边唱边做动作，体验活动的快乐。

二、说活动目标

韵律活动不仅仅需要舞蹈技能、活动秩序的支持与保障，还有对幼儿空间思维、人际交往以及快速反应的要求。活动的组织既要体现"审美"，又要"实实在在"让幼儿有所得。因此，我根据中班幼儿的年龄特点和动作发展水平，制定了以下目标。

1. 感受蒙古族舞蹈的特点，学习筷子舞的舞蹈动作。
2. 变换队形，体验与同伴集体跳舞的快乐。

教学重点是：学习"筷子舞"的基本动作。

教学难点是：变换队形相互配合。因为这需要幼儿具有一定的空间方位判断能力和较强的合作能力。

三、说活动准备

现代化的教学手段集音、形、色、动为一体。为了有效地吸引幼儿的注意力和学习兴趣，完成拟定的教学目标，我做了相关教学准备。

1. 经验准备

《牧童之歌》的音乐，具有明显的蒙古族风情。活动前，教幼儿学会唱这首歌曲。调动他们参与活动的主动性和积极性。

2. 物质准备

每个幼儿手持两把同样色彩的筷子（活动时，部分幼儿拿红彩带筷子，另一部分幼儿拿绿彩带筷子）。准备不同颜色的筷子，目的是使幼儿区分队形变换。

四、说教学方法

"成功的教学需要的不是强制，而是激发孩子的学习兴趣。"我主要采用示范法、讲解法、练习法来实施教学，具体方法将结合活动过程进行阐述。

五、说活动过程

为了让幼儿在活动中真正动起来、跳起来,快乐地学习,我设计了四个教学环节。

1. 提出问题,导入活动

活动开始,我拿出筷子,问幼儿:"平时我们都用筷子干什么?"幼儿回答后,我告诉幼儿蒙古族的小朋友高兴的时候会拿筷子来跳舞,表达他们愉快的心情。提问的方式不仅可以引起幼儿的注意,而且会促使幼儿进行积极思考。

2. 运用示范法,学习筷子舞

(1)教师随乐舞蹈,幼儿初步感知筷子舞优美的韵律

组织幼儿围成半圆形,使幼儿清楚、直观地观察到我的每一个动作。

(2)幼儿学习筷子舞的基本动作

幼儿拿起筷子,学习筷子舞的基本动作。根据幼儿动作发展是从单纯动作到复合动作,从不移动动作到移动动作的发展规律,我设计了以下四组基本动作:① 原地敲击筷子,发出有节奏的声音;② 学习弓箭步,用筷子敲击肩部;③ 学习行走并敲击筷子;④ 学习相互配合敲击筷子。

这一环节,在教学方法上,我交替使用讲解法和示范法。示范法最直观,幼儿边看边模仿教师的动作。伴随教师的讲解,使幼儿更细致地把握动作要领。

(3)幼儿练习筷子舞

运用练习法时,我采取集体练习与分组练习相结合的方式。如幼儿按筷子颜色分组、男女分组等,保持幼儿学习的兴趣。幼儿互相帮助,共同学习动作。教师在旁随机指导。

3. 学习队形变换,与同伴配合随乐表演

幼儿掌握基本动作后,加大难度,学习变化队形,这是教学难点。

要求拿红色彩带筷子的幼儿向内圈走,拿绿色筷子的幼儿原地敲打节奏。在队形变化后的基础上,两个小朋友面对面,互相敲击对方肩膀,做基本动作中的第四组动作。在教学中我请幼儿思考:怎样才能变换好队形。每一次练习后都让幼儿反思自己的做法,幼儿不仅有身体的活动,思维也活跃起来,以突破教学难点。

4. 完整随乐曲表演筷子舞

教师和幼儿在音乐声中共同舞蹈。在这一环节,为进一步让幼儿体验舞蹈的快乐,我引导幼儿根据自己的理解,大胆想象,用不同的方式表现动作。如启发幼儿思考:筷子除了可以打在肩膀上、地上,还可以打在哪儿?引导幼儿创造性地进行表演,将整个活动推向高潮。

六、说活动延伸

活动结束后,在区角中设置蒙古族服饰、乐器等,让幼儿对蒙古族文化有更多的了解,以激发幼儿从小关注我国民族文化的情感。

(本说课稿由李铮设计)

附录 《幼儿园教育指导纲要（试行）》

第一部分 总 则

一、为贯彻《中华人民共和国教育法》《幼儿园管理条例》和《幼儿园工作规程》，指导幼儿园深入实施素质教育，特制定本纲要。

二、幼儿园教育是基础教育的重要组成部分，是我国学校教育和终身教育的奠基阶段。城乡各类幼儿园都应从实际出发，因地制宜地实施素质教育，为幼儿一生的发展打好基础。

三、幼儿园应与家庭、社区密切合作，与小学相互衔接，综合利用各种教育资源，共同为幼儿的发展创造良好的条件。

四、幼儿园应为幼儿提供健康、丰富的生活和活动环境，满足他们多方面发展的需要，使他们在快乐的童年生活中获得有益于身心发展的经验。

五、幼儿园教育应尊重幼儿的人格和权利，尊重幼儿身心发展的规律和学习特点，以游戏为基本活动，保教并重，关注个别差异，促进每个幼儿富有个性的发展。

第二部分 教育内容与要求

幼儿园的教育内容是全面的、启蒙性的，可以相对划分为健康、语言、社会、科学、艺术等五个领域，也可作其他不同的划分。各领域的内容相互渗透，从不同的角度促进幼儿情感、态度、能力、知识、技能等方面的发展。

一 健康

（一）目标

1. 身体健康,在集体生活中情绪安定、愉快;

2. 生活、卫生习惯良好,有基本的生活自理能力;

3. 知道必要的安全保健常识,学习保护自己;

4. 喜欢参加体育活动,动作协调、灵活。

（二）内容与要求

1. 建立良好的师生、同伴关系,让幼儿在集体生活中感到温暖,心情愉快,形成安全感、信赖感。

2. 与家长配合,根据幼儿的需要建立科学的生活常规。培养幼儿良好的饮食、睡眠、盥洗、排泄等生活习惯和生活自理能力。

3. 教育幼儿爱清洁、讲卫生,注意保持个人和生活场所的整洁和卫生。

4. 密切结合幼儿的生活进行安全、营养和保健教育,提高幼儿的自我保护意识和能力。

5. 开展丰富多彩的户外游戏和体育活动,培养幼儿参加体育活动的兴趣和习惯,增强体质,提高对环境的适应能力。

6. 用幼儿感兴趣的方式发展基本动作,提高动作的协调性、灵活性。

7. 在体育活动中,培养幼儿坚强、勇敢、不怕困难的意志品质和主动、乐观、合作的态度。

（三）指导要点

1. 幼儿园必须把保护幼儿的生命和促进幼儿的健康放在工作的首位。树立正确的健康观念,在重视幼儿身体健康的同时,要高度重视幼儿的心理健康。

2. 既要高度重视和满足幼儿受保护、受照顾的需要,又要尊重和满足他们不断增长的独立要求,避免过度保护和包办代替,鼓励并指导幼儿自理、自立的尝试。

3. 健康领域的活动要充分尊重幼儿生长发育的规律,严禁以任何名义进行有损幼儿健康的比赛、表演或训练等。

4. 培养幼儿对体育活动的兴趣是幼儿园体育的重要目标,要根据幼儿的特点组织生动有趣、形式多样的体育活动,吸引幼儿主动参与。

二 语言

（一）目标

1. 乐意与人交谈,讲话礼貌;

2. 注意倾听对方讲话,能理解日常用语;

3. 能清楚地说出自己想说的事;

4. 喜欢听故事、看图书；

5. 能听懂和会说普通话。

（二）内容与要求

1. 创造一个自由、宽松的语言交往环境，支持、鼓励、吸引幼儿与教师、同伴或其他人交谈，体验语言交流的乐趣，学习使用适当的、礼貌的语言交往。

2. 养成幼儿注意倾听的习惯，发展语言理解能力。

3. 鼓励幼儿大胆、清楚地表达自己的想法和感受，尝试说明、描述简单的事物或过程，发展语言表达能力和思维能力。

4. 引导幼儿接触优秀的儿童文学作品，使之感受语言的丰富和优美，并通过多种活动帮助幼儿加深对作品的体验和理解。

5. 培养幼儿对生活中常见的简单标记和文字符号的兴趣。

6. 利用图书、绘画和其他多种方式，引发幼儿对书籍、阅读和书写的兴趣，培养前阅读和前书写技能。

7. 提供普通话的语言环境，帮助幼儿熟悉、听懂并学说普通话。少数民族地区还应帮助幼儿学习本民族语言。

（三）指导要点

1. 语言能力是在运用的过程中发展起来的，发展幼儿语言的关键是创设一个能使他们想说、敢说、喜欢说、有机会说并能得到积极应答的环境。

2. 幼儿语言的发展与其情感、经验、思维、社会交往能力等其他方面的发展密切相关，因此，发展幼儿语言的重要途径是通过互相渗透的各领域的教育，在丰富多彩的活动中去扩展幼儿的经验，提供促进语言发展的条件。

3. 幼儿的语言学习具有个别化的特点，教师与幼儿的个别交流、幼儿之间的自由交谈等，对幼儿语言发展具有特殊意义。

4. 对有语言障碍的儿童要给予特别关注，要与家长和有关方面密切配合，积极地帮助他们提高语言能力。

三 社会

（一）目标

1. 能主动地参与各项活动，有自信心；

2. 乐意与人交往，学习互助、合作和分享，有同情心；

3. 理解并遵守日常生活中基本的社会行为规则；

4. 能努力做好力所能及的事，不怕困难，有初步的责任感；

5. 爱父母长辈、老师和同伴，爱集体、爱家乡、爱祖国。

（二）内容与要求

1. 引导幼儿参加各种集体活动，体验与教师、同伴等共同生活的乐趣，帮助他们正确认识自己和他人，养成对他人、社会亲近、合作的态度，学习初步的人际交往技能。

2. 为每个幼儿提供表现自己长处和获得成功的机会，增强其自尊心和自信心。

3. 提供自由活动的机会，支持幼儿自主地选择、计划活动，鼓励他们通过多方面的努力解决问题，不轻易放弃克服困难的尝试。

4. 在共同的生活和活动中，以多种方式引导幼儿认识、体验并理解基本的社会行为规则，学习自律和尊重他人。

5. 教育幼儿爱护玩具和其他物品，爱护公物和公共环境。

6. 与家庭、社区合作，引导幼儿了解自己的亲人以及与自己生活有关的各行各业人们的劳动，培养其对劳动者的热爱和对劳动成果的尊重。

7. 充分利用社会资源，引导幼儿实际感受祖国文化的丰富与优秀，感受家乡的变化和发展，激发幼儿爱家乡、爱祖国的情感。

8. 适当向幼儿介绍我国各民族和世界其他国家、民族的文化，使其感知人类文化的多样性和差异性，培养理解、尊重、平等的态度。

（三）指导要点

1. 社会领域的教育具有潜移默化的特点。幼儿社会态度和社会情感的培养尤应渗透在多种活动和一日生活的各个环节之中，要创设一个能使幼儿感受到接纳、关爱和支持的良好环境，避免单一呆板的言语说教。

2. 幼儿与成人、同伴之间的共同生活、交往、探索、游戏等，是其社会学习的重要途径。应为幼儿提供人际间相互交往和共同活动的机会和条件，并加以指导。

3. 社会学习是一个漫长的积累过程，需要幼儿园、家庭和社会密切合作，协调一致，共同促进幼儿良好社会性品质的形成。

四 科学

（一）目标

1. 对周围的事物、现象感兴趣，有好奇心和求知欲；

2. 能运用各种感官，动手动脑，探究问题；

3. 能用适当的方式表达、交流探索的过程和结果；

4. 能从生活和游戏中感受事物的数量关系并体验到数学的重要和有趣；

5. 爱护动植物，关心周围环境，亲近大自然，珍惜自然资源，有初步的环保意识。

（二）内容与要求

1. 引导幼儿对身边常见事物和现象的特点、变化规律产生兴趣和探究的欲望。

2. 为幼儿的探究活动创造宽松的环境，让每个幼儿都有机会参与尝试，支持、鼓励他们大胆提出问题，发表不同意见，学会尊重别人的观点和经验。

3. 提供丰富的可操作的材料，为每个幼儿都能运用多种感官、多种方式进行探索提供活动的条件。

4. 通过引导幼儿积极参加小组讨论、探索等方式，培养幼儿合作学习的意识和能力，学习用多种方式表现、交流、分享探索的过程和结果。

5. 引导幼儿对周围环境中的数、量、形、时间和空间等现象产生兴趣，建构初步的数概念，并学习用简单的数学方法解决生活和游戏中某些简单的问题。

6. 从生活或媒体中幼儿熟悉的科技成果入手，引导幼儿感受科学技术对生活的影响，培养他们对科学的兴趣和对科学家的崇敬。

7. 在幼儿生活经验的基础上，帮助幼儿了解自然、环境与人类生活的关系。从身边的小事入手，培养初步的环保意识和行为。

（三）指导要点

1. 幼儿的科学教育是科学启蒙教育，重在激发幼儿的认识兴趣和探究欲望。

2. 要尽量创造条件让幼儿实际参加探究活动，使他们感受科学探究的过程和方法，体验发现的乐趣。

3. 科学教育应密切联系幼儿的实际生活进行，利用身边的事物与现象作为科学探索的对象。

五　艺术

（一）目标

1. 能初步感受并喜爱环境、生活和艺术中的美；

2. 喜欢参加艺术活动，并能大胆地表现自己的情感和体验；

3. 能用自己喜欢的方式进行艺术表现活动。

（二）内容与要求

1. 引导幼儿接触周围环境和生活中美好的人、事、物，丰富他们的感性经验和审美情趣，激发他们表现美、创造美的情趣。

2. 在艺术活动中面向全体幼儿，要针对他们的不同特点和需要，让每个幼儿都得到美的熏陶和培养。对有艺术天赋的幼儿要注意发展他们的艺术潜能。

3. 提供自由表现的机会，鼓励幼儿用不同艺术形式大胆地表达自己的情感、理解和想象，尊重每个幼儿的想法和创造，肯定和接纳他们独特的审美感受和表现方式，分享他们创造的快乐。

4. 在支持、鼓励幼儿积极参加各种艺术活动并大胆表现的同时，帮助他们提高表现的技能和能力。

5. 指导幼儿利用身边的物品或废旧材料制作玩具、手工艺品等来美化自己的生活或开展其他活动。

6. 为幼儿创设展示自己作品的条件,引导幼儿相互交流、相互欣赏、共同提高。

（三）指导要点

1. 艺术是实施美育的主要途径,应充分发挥艺术的情感教育功能,促进幼儿健全人格的形成。要避免仅仅重视表现技能或艺术活动的结果,而忽视幼儿在活动过程中的情感体验和态度的倾向。

2. 幼儿的创作过程和作品是他们表达自己的认识和情感的重要方式,应支持幼儿富有个性和创造性的表达,克服过分强调技能技巧和标准化要求的偏向。

3. 幼儿艺术活动的能力是在大胆表现的过程中逐渐发展起来的,教师的作用应主要在于激发幼儿感受美、表现美的情趣,丰富他们的审美经验,使之体验自由表达和创造的快乐。在此基础上,根据幼儿的发展状况和需要,对表现方式和技能技巧给予适时、适当的指导。

第三部分 组织与实施

一、幼儿园的教育是为所有在园幼儿的健康成长服务的,要为每一个儿童,包括有特殊需要的儿童提供积极的支持和帮助。

二、幼儿园的教育活动,是教师以多种形式有目的、有计划地引导幼儿生动、活泼、主动活动的教育过程。

三、教育活动的组织与实施过程是教师创造性地开展工作的过程。教师要根据本《纲要》,从本地、本园的条件出发,结合本班幼儿的实际情况,制定切实可行的工作计划并灵活地执行。

四、教育活动目标要以《幼儿园工作规程》和本《纲要》所提出的各领域目标为指导,结合本班幼儿的发展水平、经验和需要来确定。

五、教育活动内容的选择应遵照本《纲要》第二部分的有关条款进行,同时体现以下原则:

（一）既适合幼儿的现有水平,又有一定的挑战性。

（二）既符合幼儿的现实需要,又有利于其长远发展。

（三）既贴近幼儿的生活来选择幼儿感兴趣的事物和问题,又有助于拓展幼儿的经验和视野。

六、教育活动内容的组织应充分考虑幼儿的学习特点和认识规律,各领域的内容要有机联系,相互渗透,注重综合性、趣味性、活动性,寓教育于生活、游戏之中。

七、教育活动的组织形式应根据需要合理安排,因时、因地、因内容、因材料灵活地运用。

八、环境是重要的教育资源,应通过环境的创设和利用,有效地促进幼儿的发展。

（一）幼儿园的空间、设施、活动材料和常规要求等应有利于引发、支持幼儿的游戏和各种探索活动,有利于引发、支持幼儿与周围环境之间积极的相互作用。

（二）幼儿同伴群体及幼儿园教师集体是宝贵的教育资源,应充分发挥这一资源的作用。

（三）教师的态度和管理方式应有助于形成安全、温馨的心理环境;言行举止应成为幼儿学习的良好榜样。

（四）家庭是幼儿园重要的合作伙伴。应本着尊重、平等、合作的原则,争取家长的理解、支持和主动参与,并积极支持、帮助家长提高教育能力。

（五）充分利用自然环境和社区的教育资源,扩展幼儿生活和学习的空间。幼儿园同时应为社区的早期教育提供服务。

九、科学、合理地安排和组织一日生活。

（一）时间安排应有相对的稳定性与灵活性,既有利于形成秩序,又能满足幼儿的合理需要,照顾到个体差异。

（二）教师直接指导的活动和间接指导的活动相结合,保证幼儿每天有适当的自主选择和自由活动时间。教师直接指导的集体活动要能保证幼儿的积极参与,避免时间的隐性浪费。

（三）尽量减少不必要的集体行动和过渡环节,减少和消除消极等待现象。

（四）建立良好的常规,避免不必要的管理行为,逐步引导幼儿学习自我管理。

十、教师应成为幼儿学习活动的支持者、合作者、引导者。

（一）以关怀、接纳、尊重的态度与幼儿交往。耐心倾听,努力理解幼儿的想法与感受,支持、鼓励他们大胆探索与表达。

（二）善于发现幼儿感兴趣的事物、游戏和偶发事件中所隐含的教育价值,把握时机,积极引导。

（三）关注幼儿在活动中的表现和反应,敏感地察觉他们的需要,及时以适当的方式应答,形成合作探究式的师生互动。

（四）尊重幼儿在发展水平、能力、经验、学习方式等方面的个体差异,因人施教,努力使每一个幼儿都能获得满足和成功。

（五）关注幼儿的特殊需要,包括各种发展潜能和不同发展障碍,与家庭密切配合,共同促进幼儿健康成长。

十一、幼儿园教育要与0—3岁儿童的保育教育以及小学教育相互衔接。

第四部分 教育评价

一、教育评价是幼儿园教育工作的重要组成部分,是了解教育的适宜性、有效性,调整和改进工作,促进每一个幼儿发展,提高教育质量的必要手段。

二、管理人员、教师、幼儿及其家长均是幼儿园教育评价工作的参与者。评价过程是各方共同参与、相互支持与合作的过程。

三、评价的过程，是教师运用专业知识审视教育实践，发现、分析、研究、解决问题的过程，也是其自我成长的重要途径。

四、幼儿园教育工作评价实行以教师自评为主，园长以及有关管理人员、其他教师和家长等参与评价的制度。

五、评价应自然地伴随着整个教育过程进行。综合采用观察、谈话、作品分析等多种方法。

六、幼儿的行为表现和发展变化具有重要的评价意义，教师应视之为重要的评价信息和改进工作的依据。

七、教育工作评价宜重点考察以下方面：

（一）教育计划和教育活动的目标是否建立在了解本班幼儿现状的基础上。

（二）教育的内容、方式、策略、环境条件是否能调动幼儿学习的积极性。

（三）教育过程是否能为幼儿提供有益的学习经验，并符合其发展需要。

（四）教育内容、要求能否兼顾群体需要和个体差异，使每个幼儿都能得到发展，都有成功感。

（五）教师的指导是否有利于幼儿主动、有效地学习。

八、对幼儿发展状况的评估，要注意：

（一）明确评价的目的是了解幼儿的发展需要，以便提供更加适宜的帮助和指导。

（二）全面了解幼儿的发展状况，防止片面性，尤其要避免只重知识和技能，忽略情感、社会性和实际能力的倾向。

（三）在日常活动与教育教学过程中采用自然的方法进行。平时观察所获的具有典型意义的幼儿行为表现和所积累的各种作品等，是评价的重要依据。

（四）承认和关注幼儿的个体差异，避免用划一的标准评价不同的幼儿，在幼儿面前慎用横向的比较。

（五）以发展的眼光看待幼儿，既要了解现有水平，更要关注其发展的速度、特点和倾向等。

主要参考文献

［1］李兴良,马爱玲.教学智慧的生成与表达——说课原理与方法［M］.北京：教育科学出版社,2006.

［2］俞春晓.幼儿园集体教学活动设计方法与实例［M］.北京：中国轻工业出版社,2012.

［3］李云会.教学技能修炼策略［M］.长春：东北师范大学出版社,2010.

［4］赵成喜.说课的技巧与艺术［M］.长春：东北师范大学出版社,2010.

［5］周勇,赵宪宇.新课程：说课、听课与评课［M］.北京：教育科学出版社,2004.

［6］杨文尧.幼儿园活动设计与实践［M］.北京：高等教育出版社,1999.

［7］徐飞.怎样说课［M］.呼和浩特：内蒙古大学出版社,2009.

［8］刘显国.说课艺术［M］.北京：中国林业出版社,2000.

［9］莫源秋,韦凌云,等.幼儿教师实用教育教学技能［M］.北京：中国轻工业出版社,2012.

［10］唐燕.幼儿园教育活动设计与实施［M］.上海：华东师范大学出版社,2013.

图书在版编目(CIP)数据

幼儿教师说课技能训练/梅纳新主编. —2版. —上海：复旦大学出版社，2024.5
ISBN 978-7-309-17348-2

Ⅰ.①幼… Ⅱ.①梅… Ⅲ.①学前教育-课堂教学-教学法 Ⅳ.①G612

中国国家版本馆 CIP 数据核字(2024)第 060866 号

幼儿教师说课技能训练(第二版)
梅纳新 主编
责任编辑/赵连光

复旦大学出版社有限公司出版发行
上海市国权路 579 号 邮编：200433
网址：fupnet@ fudanpress. com http://www. fudanpress. com
门市零售：86-21-65102580 团体订购：86-21-65104505
出版部电话：86-21-65642845
上海华业装潢印刷厂有限公司

开本 890 毫米×1240 毫米 1/16 印张 8.75 字数 207 千字
2024 年 5 月第 2 版第 1 次印刷

ISBN 978-7-309-17348-2/G·2585
定价：40.00 元